KB261383

세상을 들어 올리는 파워 크리스천 되기!

사명지렛대

이광재 지음

나침반

저는 교회에 빚진 자입니다

로버트 폴검이라는 사람은 "내가 배워야 할 모든 것을 유치원에서 배웠다"라고 말합니다. 그러나 목사의 가정에서 자란 저는 제가 세상에서 배워야 할 모든 것을 교회에서 배웠습니다. 어린 시절부터 교회에 붙어있는 사택에서 살면서 늘 교회에 드나드는 사람들을 보면서 인생을 배웠습니다. 경건과 거룩함의 모습부터, 자기를 부인하며 하나님이 주신 십자가를 붙들고 몸부림치는 사람들에 이르기까지 교회는 저의 시작이었고, 저의 삶이었으며, 제가 장래에 만들어 갈 꿈이었습니다.

어른이 되고 목사가 되고 난 뒤에 깨달은 한 가지 사실은 교회가 저를 키워주었고 교회가 오늘날의 저를 있게 했다는 사실입니다. 교회가 저를 먹여주었고, 교회가 저를 공부시켜 주었고 교회가 저를 위해 기도해 주었습니다. 한마디로 저는 교회에 빚진 자입니다. 그 사실을 알고 난 뒤부터 고민하기 시작했습니다.

"내가 한국교회를 위해 무엇을 할 수 있을까?"
"나는 어떻게 한국교회를 섬길 수 있을까?"

이 〈사명지렛대〉는 그러한 고민에서 시작된 책입니다. 제가 그토록 자랑스러워하고 사랑하던 한국교회가 언젠가부터 세상의 손가락질을 받기 시작했습니다.

목숨을 건 헌신과 순교자의 삶, 거룩함의 삶은 이제 옛이야기가 되었고 성도들은 적당하게 세상 속에서 타협하고 하나님과 세상을 저울질하며 살아가고 있습니다.

왜 이런 일이 일어나고 말았을까요?

교회가 사명을 잃어버렸기 때문입니다. 목회자들이 하나님이 주신 사명을 붙들지 않기 때문입니다. 사명이 없기 때문에 세상을 움직일 수도, 세상을 변화시킬 수도, 세상을 주도할 수도 없는 것입니다. 그래서 오늘 이 시대의 교회는 다시 한 번 하나님이 주신 사명지렛대를 붙잡아야 합니다.

그 사명지렛대가 우리로 하여금 다시 한 번 세상을 들어 올릴 수 있게 만들 것입니다.

그 사명지렛대가 이 땅과 이 민족의 마음을 하나님께로 인도할 것입니다. 우리가 들고 가는 그 사명지렛대가 다시 한 번 한국교회에 감격적인 부흥의 역사를 가져 올 것입니다.

끝으로 매일 담임목사를 위해 기도와 후원을 아끼지 않는 광주동산교회 성도들과 장로님들, P집사님, 김용호대표님을 비롯하여 땀 흘려 귀한 책을 만드신 나침반 식구들께 감사드립니다. 늘 사랑과 신뢰로 바라봐주고 주의 길을 갈 수 있도록 좋은 동역자가 되어준 아내 어성희와 눈에 넣어도 아프지 않는 두 딸 채은이와 다은이, 늘 든든한 후원자가 되어주시고 사랑과 격려를 아끼지 않으시는 대구와 인천에 계신 두 분 부모님들께 감사드립니다.

무엇보다 부족한 자에게 덤으로 사는 인생을 주시고 한국교회와 성도들을 위해 일할 수 있도록 기회를 주신 하나님께 영광을 올려드립니다.

이광재 목사

하나님의 시크릿(Secret)

우연히 신문을 보다 한 청빙광고를 보게 되었습니다. 성남에 있는 한 교회에서 30주년 기념교회를 세웠는데 초대 담임목사를 찾는다는 광고였습니다. 그러나 교편생활을 하시다 늦게 개척교회를 시작하신 아버지를 통해 너무 어린 나이에 개척교회의 실상을 보았기에 개척교회에 대한 보이지 않는 거부감을 가지고 있었습니다. 그래서 그 광고가 눈에 들어오지 않아 그냥 넘겨버리고 말았습니다.

그러다 기대했던 한 교회에서의 청빙이 문제가 생기면서 아무 곳이라도 먼저 불러주시는 곳에 가야겠다는 오기(?)가 생기기 시작했습니다. 그리고 다시 그 청빙광고를 보았습니다. 천당 밑에 있는 '분당' 이라는 곳에, 그것도 예배당을 세웠다고 하니 상가 지하 개척과는 다를 수 있겠다는 생각이 들었습니다. 그리고 그 신문에 나온 대로 분당에 있는 주소로 이력서를 보내

있습니다. 그리고 며칠 뒤에 연락이 왔습니다. 그 교회 장로님들이 한번 만나자는 것이었습니다.

그래서 제가 물었습니다.

"장로님, 주소를 정확하게 알 수 있을까요?"

그러자 장로님이 말씀하십니다.

"목사님! 경기도 광주 어디 어디로 오세요."

"아니, 장로님 교회가 분당에 있는데 왜 경기도 광주로 오라고 말씀하십니까?" 하고 다시 물었습니다. 그러자 장로님이 "아! 분당은 저희 집이고 교회는 광주에 있습니다." 라고 말씀하셨습니다.

그 순간 머리를 한 대 맞은 느낌이었습니다. 뭔가 일이 잘못되어 가고 있었습니다.

"아! 그래요?" 하고 주소를 받았습니다.

그리고 며칠뒤에 장로님들을 만나기 위해 경기도 광주라는 곳을 향해 가게 되었습니다. 2008년 5월에 성남에 있는 한 교회에서 30주년 기념교회로 그 교회를 개척했고 세 가정이 파송

받아 나왔다는 것입니다. 그리고 지금까지의 교회의 현황과 장로님들의 교회에 대한 비전을 듣고 돌아오는데 왠지 알지 못하는 서글픈 마음이 들었습니다.

'나는 미국에서 힘들게 유학까지 하고 돌아왔는데… 나를 아는 사람들이 모두 내가 큰 목회를 할 것이라고 했는데… 남들이 가지지 못한 나의 달란트를 사람들이 많이 부러워했는데… 그런데 설마 하나님이 이곳으로 인도하시는 것은 아니겠지?'

'이런 시골 변두리 교회에… 내가 이곳에 이력서를 넣은 것은 분명히 실수였어. 내가 〈광주〉를 〈분당〉으로 착각한 거야. 설교약속은 했으니 설교까지만 해야겠다.'

그렇게 마음먹고 집으로 돌아왔습니다.

그리고 약속한 주일 찬양예배 때 아내와 함께 그 교회를 방문했습니다. 십여 명의 성도들 앞에 설교하는 것이 무척이나 어색했습니다. 그렇지만 성도들은 열심히 말씀을 들었고 반갑게 저를 대해 주셨습니다.

돌아가는 차안에서 아내의 눈치를 살폈습니다. 아내는 한마디 말도 하지 않았습니다. 너무 큰 충격을 받은 것 같았습니다. 큰 교회에서 자랐고 규모가 있는 교회에서 사역을 하다 남편을 만나 고향 교회도 떠났는데 갑자기 남편이라는 사람이 개척교회 그것도 변두리 시골로 가자고 하니 기가 막혔나 봅니다. 저도 아내에게 할 수 있는 말이 없었습니다.

그리고 며칠 뒤 그 교회 장로님께 연락을 받았습니다.

저를 그 교회 담임목사로 청빙한다는 것이었습니다. 기뻐야 하는데 기뻐할 수 없었습니다. 아내가 그날 이후로 아무 말도 하지 않고 있었기 때문입니다.

그리고 그 날 밤 아내에게 장로님들의 이야기를 전했습니다. 그때 아내가 조심스레 말합니다. "여보, 나는 그 교회에 안 갔으면 좋겠어요. 아이들 교육문제도 그렇고, 나도 아직 그러한 곳에 갈 준비가 되어 있지 않아요. 그 곳에 가면 너무 힘들 것 같아요."

예상했던 결과였습니다. 며칠을 고민하다 그 교회 장로님에게 전화를 드렸습니다.

"장로님, 죄송합니다. 아직 저희 가정이 그 교회를 섬길만한 준비가 되어 있지 않습니다. 좋은 목사님을 만나셨으면 좋겠습니다."

몇 번이나 만류하셨지만 제가 너무 완강하게 거절을 하자 일단 전화를 끊으셨습니다. 그리고 그 주 토요일에 다시 전화가 왔습니다. '내일 주일 찬양예배 때 갈 테니 예배 후에 만나자'는 것입니다.

주일 찬양예배 후 저는 교역자회의가 있어 바로 갈 수 없어 아내에게 장로님들이 식당에서 기다리고 계시니 먼저 가서 이야기를 나누라고 부탁을 했습니다. 그리고 30분 후에 그 자리에 갔더니 아내가 웃으면서 장로님들과 이야기를 나누고 있었습니다. 아내의 마음에 변화가 온 것 같았습니다. 장로님들이 좋은 대답을 기다리겠다고 하시며 떠나가셨습니다. 집에 돌아가는 길에 아내가 저에게 말했습니다.

"여보, 하나님이 우리를 그곳으로 부르시는 것 같아요. 당신이 원하시면 가셔도 되요."

솔직히 아내의 반대도 있었지만 저의 마음에도 계속적인 갈등이 있었습니다. 주변에 있는 분들이 다 저를 만류하셨습니다.

"더 좋은 교회를 하나님이 목사님을 위해 준비해 주셨을 것입니다. 조금만 더 기다려 보세요. 목사님 너무 성급하게 결정하지 마세요."

그런데 제 마음속에는 자꾸만 이런 음성이 들렸습니다.

'처음 나를 담임목사로 불러준 곳인데 교회가 변두리에 있다고, 교회가 작다고 거절한다는 것이 과연 목사로서 옳은 행동인가?'

'나는 출세를 위해 목사가 된 것이 아닌데 교회를 선택할 권한이 나에게 있는가?'

신학교 시절 '부름 받아 나선 이 몸 어디든지 가오리라' 찬송을 부르며 뜨겁게 기도하던 나에게 그것도 처음 불러준 교회인데, 교회가 작다고, 변두리에 있다고 또 나를 바라보는 사람들의 시선 때문에 머뭇거리고, 여러 가지를 계산하고 있는 저의 모습이 너무나 낯설었고 부끄러웠습니다.

그러나 목회는 아내와 함께 해야 하는 사역이고, 함께 짊어지고 가야 하는 길이기에 내 주장만을 할 수 없었습니다. 그런데 아내가 스스로 가겠다고 하니 저도 가지 않을 명분이 없었습니다.

그래서 2008년 8월 24일 광주동산교회 초대 담임목사로 부임하게 되었습니다.

그렇지만 여전히 제 마음속에 떠나가지 않았던 질문은 '왜 하나님이 나를 이곳에 보내셨을까?' 하는 것이었습니다. '내가 가진 목회적인 감각들과 은사는 좀 더 넓고 큰 무대에서 빛을 발할 수 있을 것 같은데 왜 하필이면 이 변두리 시골인지, 인구 유입도 많지 않은 광주라는 도시는 상수도 제한지역으로 도시 성장이 제한되어 있는 지역인데 왜 나를 이곳으로 보내셨는지' 늘 마음 한 편에 의문이 떠나지 않았습니다.

그러다 2009년 〈목적이 이끌어가는 40일 특별새벽기도회〉를 실시하게 되었습니다. 그 첫째날 무릎을 꿇고 하나님께 다시 그

질문을 반복했습니다.

"왜 하나님 나를 이곳에 보내셨습니까? 제 친구는 지금 미국으로 담임목회를 나가서 너무 잘나가고 다른 친구는 많은 교회에서 러브콜이 오는데 왜 저만 이 시골에 처박아 두셨습니까?"

그때였습니다. 너무나 선명하고 분명한 하나님의 음성이 저의 마음에 들렸습니다.

"이곳에는 목자 없는 양과 같이 방황하고 헤매는 사람들이 너무나 많단다. 네가 그들의 좋은 목자가 되어주어라."

무리를 보시고 불쌍히 여기시니 이는 그들이 목자 없는 양과 같이 고생하며 기진함이라 (마9:36)

가슴이 너무 벅차올랐습니다. 저는 그때까지도 이곳으로 저를 보내신 하나님에 대하여 불평하고 원망하고 인간적인 계산만을 하고 있었는데 하나님은 저를 향한 놀라운 계획을 가지고 계셨습니다.

하나님은 저를 이곳으로 보내시기 위해, 저를 향한 하나님의 뜻을 이루시기 위해 제가 원했던 모든 것들을 막으셨고 오직 이곳으로 오는 길만 열어두셨습니다. 하나님 앞에 너무 죄송하고 너무 부끄러웠습니다. 그리고 너무 감사했습니다. 눈물을 멈출 수가 없었습니다.

"하나님! 감사합니다. 저같이 부족하고 아무것도 아닌 자를 택하시고 이곳으로 불러주심을 감사드립니다. 하나님의 뜻을 위해 달려갈께요. 하나님 지켜주세요."

그리고 사무실로 와서 제가 부임한 이후 지난 1년간 등록한 성도들을 살펴보니 바로 그러한 분들만 하나님이 저희 교회에 보내주신 것을 발견했습니다. 새롭게 예수를 믿은 분들보다는 믿다가 낙심한 분들, 교회에 상처가 있는 분들, 특별히 목사에게 상처를 받은 분들, 주변에 섬길만한 교회를 찾지 못해 서울이나 대도시로 나가는 분들이 계속해서 등록을 하기 시작했습니다. 이제 갓 시작한 개척교회에 하나님께서 한 해 100명의 새가족들을 보내주셨고 계속해서 몰려 왔습니다. 전도지 한번 돌린 적이 없는데 사람들이 홈페이지를 통해, 또 소문을 듣고 교회로 교회로 찾아 왔습니다.

하나님이 왜 나를 이곳에 보내셨는지, 내가 무엇을 해야 하는가를 이제야 알게 되었습니다. 하나님은 고통받고 상처입은 양들을 위한 좋은 목자를 찾고 계셨습니다. 자격이 있어 보내신 것도 아니었습니다. 남들보다 더 큰 능력이 있어 보내신 것도 아니었습니다. 단지 하나님은 지난 40년 동안 이 일을 위해 저를 준비하셨습니다. '왜 내게 지금까지 그러한 일들이 일어났는지' 하나님의 퍼즐의 조각들이 하나씩 제자리에 들어가는 느낌이었습니다.

'왜 어린 시절부터 하나님이 저를 시골교회, 개척교회에서 훈련을 받게 하셨는지, 왜 음악사역을 10여년 이상 하게 하셨는지, 왜 신학교를 가게 하셨는지, 왜 미국으로 보내서서 공부를 하게 하셨는지, 왜 제자훈련에 관심을 가지게 하셨는지, 왜 박사논문을 〈소그룹인도자를 위한 사역매뉴얼〉을 쓰게 하셨는지, 왜 좀 더 있으려고 했는데 미국에서 그토록 빨리 돌아오게 하셨는지' 하나하나 매듭이 풀리듯이 그 이유들을 알게 되었습니다. 모든 것이 하나님의 시크릿(Secret)이었습니다.

하나님께서 모세에게 왕궁에서 40년, 광야에서 40년을 보내게 하시고 출애굽의 사명을 감당하게 하신 것처럼, 하나님은 그렇게 저를 준비시키셨습니다. 하나님의 시크릿(Secret)이 조금씩 드러나게 되자 그것이 저에게 영적지렛대가 되었습니다. 절대 들리지 않을 것 같았던 나를 둘러싸고 있던 세상이 조금씩 들리기 시작했습니다. 돌같이 굳은 사람들의 마음이 움직이기 시작했습니다. 그리고 사람들의 영적체질이 바뀌어져 갔습니다. 단지 가라고 하신 곳에 가서 서 있었을 뿐인데 하나님께서 일하시기 시작하셨습니다.

하나님은 지금 당신을 부르시고 계십니다. 하나님이 당신에게 숨겨놓으신 그 시크릿(Secret)을 이제 주목하십시오. 그럴 때 당신을 둘러싸고 있는 모든 매듭들이 풀려질 것입니다. 그것을 발견할 때 당신을 통해 세상이 움직이게 될 것입니다. 영적 지각변동이 시작될 것입니다. 하나님은 당신을 통해 일하시기 원하십니다. 세상을 들어 올리십시오.

1. 사명 지렛대 행20:17-24

지렛대의 원리

이집트를 방문한 사람들은 세계 최대의 피라미드이자 세계 7대 불가사의 중 현존하는 유일한 건축물인 이집트 쿠푸 왕의 대 피라미드를 보면 놀라움을 감추지 못합니다. 평균 2.5톤 무게의 돌 300만개가 사용된 이 거대한 피라미드를 기원전 4500년 전에 석기와 청동기를 사용하여 지었다는 사실이 믿기지가 않습니다. 고고학자들은 석기와 간단한 청동기 도구로 석회암을 채굴하고, 통나무와 지렛대, 그리고 윤활유를 사용해서 돌을 운반했으며, 완만한 경사로를 피라미드 상부까지 건설해서 돌을 쌓아올렸다고 말합니다.

간단한 지렛대의 원리가 세계 최대의 피라미드를 만들어 낸 것입니다. 이 지레의 원리를 처음으로 발견한 사람은 기원전 250년경, 고대 그리스 최대의 수학자인 아르키메데스입니다. 그는 시라쿠사의 왕 히에론에게 긴 지렛대와 지렛목(받침대)만 있으면 지구도 움직일 수 있다고 장담했습니다. 왕이 해변 모래톱에 올려놓은 군함에 병사들을 가득 태우고 이것을 물에 띄우라고 명령하자 아르키메데스는 지렛대를 응용한 도르레를 사용하여 이를 쉽게 해결했다는 일화도 전해 내려옵니다.

다비 체킷은 〈아르키메디스의 지렛대〉라는 책에서 "똑같이 공부하고도 더 좋은 성적을 올리는 사람, 똑같이 일하고도 더 높은 성과를 내는 세일즈맨, 똑같이 투자하고도 더 높은 수익을 올리는 기업. 모두 아르키메데스의 지렛대의 원리를 이용하고 있다"고 말합니다. 그는 우리가 문제라 여기는 모든 상황을 지렛대를 이용하여 들어 올리라고 조언합니다. 그 지렛대를 손에 쥐기만 하면 우리는 세상의 무게에 눌리거나 주눅 들지 않고, 대신 세상을 '들어올릴' 수 있다고 말합니다. 지렛대는 절반의 힘으로 몇 배의 효과를 거두는 탁월한 방식이기 때문입니다.

세상을 들어 올려라

특별히 크리스천들은 세상을 들어 올리는 사명을 가진 사람들입니다. 세상을 들어 올린다는 것은 세상을 움직이고(영향력), 세상에 감동을 주고(변화), 세상을 주도하는 것(주도성)을 의미합니다. 하나님께서 사람을 창조하시고 그들에게 '생육하고 번성하며 충만하고 다스리며 정복하라(창1:28)' 고 말씀하셨습니다. 세상가운데 주도성을 가지라는 말씀입니다.

사도바울은 말하기를 하나님께서 화목하게 하는 말씀을 우리에게 부탁하셨다고 말합니다(고후5:19). 그것은 복음으로 세상을 변화시키고 감동을 주라는 말씀입니다. 예수님도 '너희는 세상의 소금이요 세상의 빛이라' 고 말씀하셨습니다(마5:13-14). 빛과 소금 모두 자신을 둘러싸고 있는 세상을 바꾸는 강력한 영향력을 의미하는 것들입니다.

크리스천인 우리들은 세상속에 주도성을 가지고 세상을 변화시키고 세상을 움직이는 사명을 받았습니다. 그것이 바로 세상을 들어 올리는 지렛대의 사명입니다.

그렇다면 무엇으로 크리스천인 우리가 세상의 무게에 눌리거나 주눅 들지 않고 세상을 '들어올릴' 수 있을까요?

생각해보면 세상을 변화시키고, 세상을 움직이고, 세상을 주도하는 것은 '사명을 가진 자들'을 통해서 일어나는 결과가운데 하나입니다. 모세, 에스더, 느헤미야, 바울, 예수님 등 성경에 나오는 수많은 사명자들은 시대를 움직이고 세상을 들어 올린 사람들입니다.

사명은 우리로 하여금 세상에 주눅 들지 않고 달려가게 만듭니다. 사명은 우리 인생에 집중력을 가져옵니다. 사명은 사막에서 길을 만들어 내듯이 불가능을 가능으로 바꿉니다. 사명은 하나님의 뜻을 세상속에 드러냅니다. 그래서 사명을 가진 자가 세상을 감동시킬 수 있습니다.

세상은 사명을 가진 자들의 손에 의해 움직여집니다. 사명지렛대가 세상을 들어 올릴 수 있습니다.

철학자 키에르케고르는 "현대인들의 가장 큰 비극은 나는 왜 살아야 하는가? 무엇을 위해서 살아야 하는가? 그것이 생명을 바칠만한 가치가 있는 것인가?"라는 질문에 분명한 대답을 '잃어버린 데 있다'고 말합니다. 칼빈은 "인생이란 내게 주어진 사명의 길을 가는 것"이라고 했습니다. 사람은 어느 곳에서든지 사명을 감당할 때 가치 있고 아름다운 인생을 살 수 있습니다.

이것이 사명이다

오프라 윈프리가 쓴 〈이것이 사명이다〉는 책에서 그녀는 자신의 4가지 인생철학을 소개합니다.

첫째, 남들보다 조금이라도 더 가졌다는 것은 축복이며 사명입니다.

둘째, 남들보다 더 아파하는 것이 있다면 그것이 사명입니다.

셋째, 남들보다 더 마음이 설레는 것이 있다면 그것이 사명입니다.

넷째, 남보다 더 부담이 되는 것이 있다면 그것이 사명입니다.

사명을 멀리서 찾으려고 하지 마십시오. 사명은 내가 남들보다 더 가진 것입니다. 그 속에서 하나님이 나에게 주신 사명을 발견해야 합니다. 사명은 내 마음이 울고 있는 곳에서 찾을 수 있습니다. 사명은 내가 가슴 아파하는 곳, 내 마음에 생겨나는 긍휼의 마음속에 숨어 있습니다. 또한 사명은 내 가슴을 뛰게 만드는 일이나 사람들 가운데서 찾을 수 있습니다. 남들은 그냥 지나쳐도 나는 지나칠 수 없는 일이 있습니다. 그 일을 하는 동안 기쁨이 생기고 가슴이 설레고 행복함을 느낀다면 그 속에 하나님의 사명이라는 보물이 감추어져 있다는 것을 발견해야 합니다.

사명은 다른 사람들보다 더 무겁게 짐지어주신 부담감입니다. 남들은 전혀 부담없이 지나가지만 유독 나만은 그냥 지나갈 수 없습니다. 외면할 수 없습니다. 왜냐하면 하나님이 나에게 주시는 사명의 퍼즐조각이 그 속에 널려져 있기 때문입니다.

튜닝목회

2008년 8월 광주동산교회에서 담임목회를 시작하면서 예전
에는 보이지 않았던 사람들의 얼굴이 눈에 들어오기 시작했습
니다. 그들은 모태신앙으로 오랫동안 교회를 다닌 사람들입니
다. 그들은 누구보다 성경에 대한 박식한 지식을 가졌습니다. 그
러나 신앙생활에 감격과 열정 없이 습관적으로 예수를 믿는 사
람들입니다. 그런데 그들의 절규가 보였습니다. 다시 예전처럼
자신들의 열정이 회복되고, 뜨겁게 믿음생활을 할 수 있도록 도
와달라고 말하는 것 같았습니다.

또한 교회안에서 사람들에게 상처를 받아 누구에게도 마음
을 열지 못하고 깊은 방황의 여행을 시작한 사람들의 눈물도
보았습니다. 그들은 위로받고 싶어합니다. 누군가가 자신들의
눈물을 닦아 주기를 원합니다. 그리고 지금 자신이 어디로 가고
있는지 또 어디로 가야 할지를 알지 못해 깊은 방황속에 있는
자들입니다. 그들은 자신들의 오랜 방황을 끝내고 이제는 어느
한 곳에 정착하기를 원합니다. 자신들이 어디로 가야 할지, 무엇
을 하며 살아가야 할지를 알려줄 인도자를 기다리고 있습니다.

저는 그들 속에서 '나를 부르시는 하나님의 사명'을 보았습니다. 그것이 바로 〈튜닝목회〉입니다.

튜닝목회는 음이 맞지 않는 기타줄을 튜닝기를 통해 한 줄 한 줄 맞추어가듯이, 세상 속을 살아가면서 느슨해지고, 부딪치고 깨어지면서 변해져버린 성도들의 영적인 줄을 절대 변하지 않는 하나님의 말씀으로 튜닝해가는 것입니다. 튜닝하지 않으면 본래의 음을 잃어버리고, 튜닝하지 않으면 세상가운데 아름답게 연주될 수도 없고, 튜닝되지 않으면 하나님이 사용하고자 하실 때 사용할 수 없기에 반드시 튜닝되어져야 합니다.

하나님의 말씀으로 철저하게 튜닝되어야 하나님이 주신 본래의 형상, 즉 사탄이 낙서하고 세상의 욕심과 정욕으로 덧붙여져서 그 본래의 형상조차 찾을 수 없는 바로 그 하나님의 형상을 회복할 수 있습니다.

하나님은 그러한 사람들을 향한 긍휼의 마음을 주셨습니다. 남들이 가지지 못한 영적부담감을 제 마음에 심어 놓으셨습니다. 또한 그분들을 위해 무엇인가를 할 때 가슴이 뛰고 설레는 마음도 주셨습니다. 그리고 그들이 변화되어 새로운 인생의 삶을 살아가는 모습을 볼 수 있는 기쁨도 주셨습니다. 이것이 하나님이 주신 사명이기 때문입니다.

안철수 교수의 사명

얼마전 강호동씨가 진행하는 〈무릎팍도사〉라는 프로그램에 출연한 안철수 교수(안철수연구소, 서울대교수)의 이야기를 들을 수 있는 기회가 있었습니다. 그의 소박하고 진솔한, 또 무엇보다도 자신에게 주어진 사명을 따라 최선을 다해 살아가는 모습이 감동을 주었습니다.

안철수 교수는 서울대 의대를 나와 27세에 단국대 의대교수를 하면서 14년간 의사로 자신의 삶을 보내었습니다. 의대 생활 중 자신의 전공을 위해 기계어를 공부해야만 했었는데 그때 마침 컴퓨터 바이러스를 처음으로 발견하게 됩니다. 그리고 국내 최초로 백신프로그램 V1을 만들어 냅니다.

이후 7년간 무료로 바이러스 잡는 백신을 배포하는 일에 자신의 온힘을 쏟아 붓습니다. 새벽3시에 일어나 3시간동안 연구하고 낮에는 병원에서 의사로 교수로 일하는 삶을 반복하게 됩니다. 그러다 그는 선택의 기로에 서게 됩니다. 그리고 그는 결심합니다.

"이 일이 나의 사명이다"

그는 과감하게 의사직을 내려놓고 〈안철수연구소〉를 창업하게 됩니다. 당시 백신프로그램에 대한 인식이 없었기에 사업성이 없어 직원들 월급도 주지 못하는 어려움을 경험하게 됩니다.

그때 미국의 가장 큰 백신회사에서 그에게 한 가지 제안을 합니다. 자신의 연구소를 1,000만달러에 팔라는 요구였습니다. 그 돈이면 자신이 한평생 먹고 사는데 문제가 없는 돈이었습니다. 그러나 문제는 자신은 그 돈을 받으면 행복하게 살 수 있지만 자신이 만든 백신 V3는 버려지고, 미국백신들이 한국시장을 지배하게 됨으로 수많은 돈이 외국으로 나가게 됩니다. 그리고 그동안 동고동락을 했던 직원들이 다 해고되어야 하는 아픔도 경험해야 했습니다. 그는 일언지하에 그 제안을 거절하고 매달마다 적자에 허덕이는 기업을 계속할 수밖에 없었습니다. 사명 때문이었습니다. 사명이 아니라 돈을 벌려고 했으면 그는 그 연구소를 팔았을 것입니다.

그러다 국내 30만대의 컴퓨터를 마비시켜버린 바이러스 덕분에 그의 연구소는 연매출 100억원을 올리는 흑자 기업으로 전환하게 됩니다. 그때 돌연 그는 잘나가는 회사 CEO 자리를 내려놓고 유학을 결심합니다. 그리고 돌아와 카이스트 석좌교수에서 경영을 가르치는 교수가 됩니다. 그 이유는 젊은이들에게 도전정신과 꿈을 주겠다는 자신의 사명 때문이었습니다.

그는 자신이 가야 할 길, 자신이 해야 할 일을 잘 알고 있었기에 포기와 도전을 계속할 수 있었습니다. 사명이 있기에 그의 도전은 지금도 멈추지 않습니다. 이것이 바로 사명입니다. 이 사명이 우리의 삶을 움직이고 우리 주변을 움직이게 만듭니다.

배역몰입과 연기력

요즘 아이돌스타들이나 본업이 연기자들이 아닌 스타들의

연기도전이 계속되고 있습니다. 그들의 인기나 친근한 외모로 인해 사람들의 관심이 집중되지만 그것만으로는 시청자들의 채널을 고정시킬 수 없습니다. 시청자들이 원하는 것들은 그들의 외모나 인기보다는 제대로 된 배역몰입과 연기력입니다. 어설픈 발연기로 자신들이 좋아하는 드라마의 흐름을 끊어 버리는 일을 더 이상 참지 못합니다.

연기력이란 배우가 얼마나 자신의 캐릭터를 연구하였는지, 얼마나 자신의 배역을 이해하였는지, 얼마나 자신이 맡은 인물에 몰입하였는지를 알아보는 잣대입니다. 그래서 연기자들은 드라마속의 캐릭터와 자신을 동일시함으로 더 깊은 내면연기를 보여주려고 노력합니다. 그리고 그것이 전달될 때 시청자들은 감동하고 그 시간이 되면 어김없이 텔레비전 앞에 앉습니다.

2009년 개봉된 〈내사랑 내곁에〉라는 영화가 있습니다.
일반인들에게는 전혀 이름조차 생소한 루게릭병(근위축성측상경화증(ALS:amyotrophic lateral sclerosis) 또는 운동신경원질환(MND:motor neuron disease)을 처음으로 조명한 영화입니다.

루게릭병은 운동신경 세포만 선택적으로 파괴되어 지능, 의식, 감각은 정상인 채 온 몸의 근육이 점차 마비되어가는 희귀병입니다.

주인공으로 등장한 영화배우이자 배우인 김명민씨는 이 배역을 소화하기 위해 이 기간동안 실제 환자들의 병 진행속도에 맞춰 20kg 이상의 체중을 감량했고, 그 배역의 100%를 소화했다는 평을 받았습니다. 그로인해 그는 내장기관이 망가져 병원에 입원까지 해야 했습니다. 그의 배역에 대한 몰입과 열정은 관객들에게 진한 감동과 안타까움의 눈물을 흘리게 했으면 관객 200만명을 동원한 영화로 자리매김하게 되었습니다.

하나님이 오케이(Okay) 하실 때까지

사명을 가진다는 것도 이와 같습니다. 하나님이 직접 쓰시는 인생이라는 드라마에서 나의 배역을 찾고 그 배역에 최선을 다하는 것입니다. 하나님이 주신 자신의 배역이 어떤 캐릭터인지를 이해하고, 그 배역에 몰입하는 것이 바로 사명있는 삶입니다.

하나님이 오케이(Okay)하실 때까지 포기하지 않고 달려가는 것이 이 세상에 영적 배우로 부름받은 우리가 해야 할 일입니다. 다시 반복하지만 하나님이 오케이 하실 때까지 달려야 합니다. 그때까지 멈추어서는 안됩니다.

감독이신 하나님의 기대치와 배우인 나의 기대치가 다를 수 있습니다, 그때마다 우리는 하나님의 말씀에 따라 조금씩 우리의 연기를 수정해야 합니다. 그리고 하나님이 마지막 오케이 사인을 내실 때까지 젖 먹는 힘을 내어 내게 주어진 일에 최선을 다해야 합니다.

때로는 주신 사명에 몰입하다 보면 사명후유증이 오기도 합니다. 무기력함과 두려움, 그리고 영적 우울증에 빠지기도 합니다.

엘리야를 보십시오. 그는 갈멜산에서 바알과 아세라 선지자 850명과의 대결을 마친 후 사명후유증에 빠집니다. 무기력함과 심한 우울증에 빠지게 됩니다. 그러나 그것마저 감수해야 진정한 배우로 거듭나는 것입니다. 그리고 그러한 어려움을 극복할 수 있을 때 더 큰 비중의 역할을 맡을 명배우가 되는 것입니다.

"곧 모든 겸손과 눈물이며 유대인의 간계로 말미암아 당한 시험을 참고 주를 섬긴 것과" (행20:19)

사도바울은 사명을 감당하는 영적 배우들이 가져야할 필수조건에 대해 소개하고 있습니다.

첫째는 겸손입니다.

겸손은 사명을 가지고 일하는 배우들에게 요구되는 첫 번째 항목입니다. 겸손하지 못한 배우는 감독의 말에 순종하지 못하고, 함께 연기하는 동료연기자들과 호흡을 맞추는 데 어려움을 가집니다. 다시 말해 배우는 자신속에 감추어진 스타의식을 버릴 때 겸손하게 자신에게 주어진 길을 걸어 갈 수 있습니다.

둘째는 눈물입니다.

배우에게 눈물은 필수조건입니다. 하나님이 주신 사명의 길을 걸어가면서 생겨나는 눈물입니다. 힘들고 고통스러워서 흘리는 눈물이 아닌, 자신의 신세를 한탄하며 흘리는 신세한탄의 눈물도 아닌, 하나님이 주신 사명에 감사하는 감사의 눈물입니다. 그리고 하나님을 알지 못하고 죽어가는 영혼들을 바라보며 흘리는 안타까움의 눈물이며, 하나님께서 이루시는 역사와 기적을 바라보며 놀라는 감격의 눈물입니다.

사명이 있는 자는 눈물이 있는 자가 되어야 합니다. 눈물이 있다는 것은 그의 가슴이 뜨겁다는 것을 의미합니다.

셋째는 인내입니다.

배우는 인내가 필요한 직업입니다. 한 장면 한 장면을 찍기 위해 같은 일을 수없이 반복해야 하고 수많은 NG후에 감독의 오케이 사인이 떨어지는 것입니다. 내 맘에는 된 것 같지만 감독이 오케이하지 않으면 반복해야 합니다. 인내가 필요합니다. 뿐만 아니라 배우들의 삶은 노출되어 있기에 그들에게는 늘 그들을 괴롭히는 안티세력들이 있습니다. 그러한 세력들에 대항해서도 그들과 맞붙어 싸울 수도 없는 위치가 바로 배우의 위치입니다.

사도바울에게도 그러한 유대인 안티들이 있었습니다. 그가 가는 곳마다 그를 괴롭혔고 그를 고통스럽게 만들었습니다. 그러나 그럴 때마다 그는 참고 주를 섬겼습니다.

넷째는 엑스트라를 사용하지 않았습니다.
좋은 연기자는 한 장면 한 장면들을 최상의 장면을 만들기 위해 대역을 쓰지 않고 혼신의 힘을 다해 연기에 몰입합니다.

"유익한 것은 무엇이든지 공중 앞에서나 각 집에서나 거리낌이 없이 여러분에게 전하여 가르치고"(행20:20)

사도바울은 유익한 것은 무엇이든지 가리지 않고 공중이나 집에서나 거리낌이 없이 전하고 가르치고 증거했습니다. 몸을 사리지 않는 훌륭한 배우의 모습입니다.

사도바울은 자신에게 주어진 사명의 길을 분명히 알았기에 겸손과 눈물, 인내와 헌신의 모습으로 자신에게 주어진 삶을 살았습니다. 그는 자신에게 주어진 역할이 마음에 들지 않아 자신에게 주어진 배역, 사명을 함부로 던져버리지 않았습니다.

그는 자신에게 맡겨진 배역을 알지못해 정신없이 뛰어다니고 있지 않습니다. 서투르고 익숙하지 못해 매번 NG를 반복하지도 않습니다. 단지 자신에게 주어진 인생의 배역에 그는 최선을 다해 감당하였습니다. 이것이 바로 사명지렛대입니다.

이 사명지렛대를 사도바울이 붙잡고 살았기에 세상속에 주도적인 인생의 삶을 살았습니다. 그가 가는 곳마다 세상이 들썩들썩거렸고 사람들의 마음이 하나님께로 돌아왔습니다. 강력한 영적 영향력으로 세상을 변화시켰습니다.

사명지렛대로 세상을 들어올리십시오. 하나님이 당신을 이 땅속에 남겨두신 이유입니다.

사명 지렛대 행20:17-24절

1. 세상을 들어 올리는 크리스천

크리스천들은 세상을 들어 올리는 사명을 가진 사람들입니다. 세상을 들어 올린다는 것은 세상을 움직이고(영향력), 세상에 감동을 주고(변화), 세상을 주도하는 것(주도성)을 의미합니다.

크리스천인 우리들은 세상속에 주도성(창1:28)을 가지고 세상을 변화(고후5:19)시키고 세상을 움직이는 사명(마5:13-14)을 받았습니다. 그것은 세상을 들어 올리는 지렛대의 사명입니다. 세상을 움직이고, 세상을 변화시키고, 세상을 주도하는 것은 '사명을 가진 자들'을 통해서 일어납니다.

모세, 에스더, 느헤미야, 바울, 예수님 등 성경에 나오는 수많은 사명자들은 시대를 움직이고 세상을 들어 올린 사람들입니다. 세상은 사명을 가진 자들의 손에 의해 움직여집니다.

2. 하나님이 오케이하실 때까지

사명은 하나님이 직접 쓰시는 인생이라는 드라마에서 나의 배역을 찾고 그 배역에 최선을 다하는 것입니다. 하나님이 주신 자신의 배역이 어떤 캐릭터인지를 이해하고, 그 배역에 몰입하는 것이 바로 사명있는 삶입니다. 하나님이 오케이(Okay)하실 때까지 포기하지 않고 달려가는 것이 영적 배우로 부름받은 우리가 해야 할 일입니다.

때로는 주신 사명에 몰입하다 보면 사명후유증이 오기도 합니다. 무기력함과 두려움, 그리고 영적 우울증에 빠지기도 합니다. 그러나 그러한 것들마저 감수해야 진정한 배우로 거듭나는 것입니다. 그리고 그러한 어려움을 극복할 수 있을 때 더 큰 비중의 역할을 맡을 명배우가 되는 것입니다.

3. 영적 배우들의 필수조건

사도바울은 자신에게 주어진 사명의 길을 분명히 알았기에 겸손과 눈물, 인내와 헌신의 모습으로 자신에게 주어진 삶을 살 있습니다. 겸손은 사명을 가지고 일하는 배우들에게 요구되는 첫 번째 항목입니다. 겸손하지 못한 배우는 감독의 말에 순종하지 못하고, 함께 연기하는 동료연기자들과 호흡을 맞추는 데 어려움을 가집니다. 자신속에 감추어진 스타의식을 버릴 때 겸손하게 자신에게 주어진 길을 걸어 갈 수 있습니다.

배우에게 눈물은 필수조건입니다. 하나님이 주신 사명의 길을 걸어가면서 생겨나는 하나님의 마음으로 인해 생겨나는 눈물입니다. 사명이 있는 자는 눈물이 있는 자가 되어야 합니다. 눈물이 있다는 것은 그의 가슴이 뜨겁다는 것을 의미합니다.

배우는 인내가 필요한 직업입니다. 한 장면 한 장면을 찍기 위해 같은 일을 수없이 반복해야 하고 수많은 NG후에 감독의 오케이 사인이 떨어지는 것입니다. 내 맘에는 된 것 같지만 감독이 오케이하지 않으면 반복해야 합니다. 인내가 필요합니다.

좋은 연기자는 한 장면 한 장면들을 최상의 장면을 만들기 위해 대역을 쓰지 않고 혼신의 힘을 다해 연기에 몰입합니다. 그의 이러한 사명지렛대가 세상을 들어 올렸고, 사람들의 마음을 움직였습니다.

2. 미션 임파서블 단6:10-28

One way (오직 한 길)

다니엘은 다리오왕이 통치하던 메대와 바사에서 3명의 총리 중 한 사람이었습니다. 그는 다른 총리들과 그 나라의 어떤 고관들보다 뛰어났고 절대적인 왕의 신임도 받고 있었습니다. 그는 정직하고 충성스러워 다른 고관들처럼 적당히 타협하지도 않았고 허물이나 그릇됨을 찾을 수 없는 신실한 사람이었습니다. 그러나 기득권을 쥐고 있던 사람들의 눈에는 그의 뛰어남과 깨끗함이 자신들과 구별되어 불편할 수밖에 없었습니다.

더 문제는 그의 신분이었습니다. 그는 포로출신이었고 자신들의 지배를 받는 식민지의 나라출신이 자신들보다 높은 위치에 오르고 자신들의 상관이 된다는 것을 용납할 수 없었습니다. 그래서 그들은 다니엘을 무너뜨리기 위한 음모를 계획하게 되었습니다.

그들의 눈에 들어온 한 가지는 다니엘이 하루 세 번씩 무릎을 꿇고 기도하는 모습이었습니다. 그때 그들은 왕에게 가서 말합니다.

'앞으로 30일 동안 왕 외에 어떤 신에게나 사람에게 무엇을 구하면 사자굴에 던진다는 금령을 내려달라' 고 요구하게 됩니다.

드디어 왕의 조서가 내려졌고 이 소문이 다니엘의 귀에도 들려졌습니다.

어떻게 해야 할까요?

다니엘은 지금까지 하나님을 향한 믿음 하나를 붙들고 오직 한 길(one way)만 가고 있었습니다. 유대에 있을 때나, 바벨론에 포로로 끌려 왔을 때나, 총리가 된 지금도, 그는 언제나 한 길만 고집하며 길을 가고 있습니다. 단지 30일뿐입니다. 30일만 피하면 되는 간단한 일입니다. 아니 피하지 않아도 중심을 보시는 하나님께 드러내지 말고 숨어서 기도할 수도 있습니다.

갓길(가장자리의 길)과 갓길(God's way)

차를 운전하다보면 늘 갓길의 유혹이 우리앞에 있습니다. 지금 내가 운전하고 가는 그 길은 차들로 가득차서 움직이지 않지만 조금만 고개를 돌려보면 비어있는 갓길(가장자리 길)이 보입니다. 조금이라도 빨리 가고 싶으면 갓길로 달려갈 수 있습니다. 그러나 갓길은 빨리 가기 위해 준비된 길이 아닙니다. 갓길은 우리가 매일 부딪치는 문제와 어려움앞에 마치 해결책처럼 보이기도 합니다.

어쩌면 다니엘에게도 30일 동안 기도를 쉬는 것이나 사람들의 눈을 피해 기도하는 것은 영적 갓길의 유혹입니다. 그러나 그는 '가장자리의 길'을 의미하는 갓길을 선택하지 않고 하나님의 길인 갓길(God's way)을 선택했습니다.

사명지렛대=BREAKTHROUGH

"다니엘이 이 조서에 왕의 도장이 찍힌 것을 알고도 자기 집에 돌아가서는 윗방에 올라가 예루살렘으로 향한 창문을 열고 전에 하던 대로 하루 세 번씩 무릎을 꿇고 기도하며 그의 하나님께 감사하였더라"(단6:10)

'전에 행하던 대로' 하루 세 번씩 무릎을 꿇고 기도하며 하나님께 감사하는 것은 정면 돌파를 의미합니다. 전에 하던 대로 그는 브레이크스루(Breakthrough;돌파)를 선택했습니다. 왜냐하면 그는 하나님이 주신 사명을 가지고 그 땅에 파송되어 온 사람이라는 자의식을 가진 자였기 때문입니다. 하나님이 그를 총리로 올리신 것도, 하나님이 그에게 성공을 주신 것도, 하나님의 특별한 목적이 있음을 알았기 때문에 세상의 길인 갓길로 갈 수가 없었습니다.

그의 브레이크스루는 오직 사명 때문입니다. 하나님의 뜻을 세상 속에 보여주고 세상을 들어 올릴 지렛대를 장착하는 시간이었습니다.

　결국 그의 무모한(?) 돌파가 그를 사자굴로 던져 넣었습니다. 모든 사람들이 이제 다니엘은 끝났다고 말했습니다. 모든 사람들이 그의 무모한 브레이크스루의 결과라고 수군대었습니다. 그러나 사자굴은 다니엘에게 끝이 아니었습니다. 무모한 선택이 아니었습니다.

학습된 무기력

　'학습된 무기력'이라는 말을 들어보셨습니까?

　학습된 무기력 이론(learned helplessness theory)은 개의 조건형성 실험 과정에서 우연히 발견되었습니다.

　이 실험의 1단계는 개가 도망가지 못하도록 묶어놓은 상태에서 하루 동안 전기충격을 주는 것입니다.

　2단계에서는 개를 자유롭게 풀어놓아 옆방으로 도망갈 수 있는 상태에서 전기충격을 줍니다. 이때 개는 도망갈 수 있음에도 불구하고 마치 포기한 듯 꼼짝하지 않은 채 전기충격을 그대로 다 받았습니다.

반면에 1단계 실험을 거치지 않은 다른 개는 2단계 실험에서 전기충격이 주어지면 곧바로 옆방으로 도망하여 전기충격을 피합니다. 더욱 놀라운 것은 1단계 실험을 경험한 개는 옆방으로 도망치면 전기충격을 피할 수 있다는 것을 경험하고 나서도 다시 전기충격이 주어지면 옆방으로 도망가지 않은 채 충격을 그대로 받았다는 것입니다.

즉 개는 전기충격을 피할 수 없다는 무력감을 학습하게 되어 전기충격을 피할 수 있는 새로운 상황에서도 무기력하게 행동하며 전기충격을 받는다는 것이 학습된 무기력 이론의 골자입니다. 이러한 것은 짐승뿐만 아니라 사람들에게도 동일하게 일어나고 있습니다.

사람들은 학습된 무기력으로 인해 사자굴은 죽음의 상황이요, 두려움과 절망, 벗어날 수 없는 공포의 상황임을 잘 알고 있습니다. 그래서 사자굴 앞에서는 인사불성이 되어 버립니다.

파워 스테이션(Power station)

그런데 다니엘은 달랐습니다. 그는 사자굴에서 그동안 보고 들었던 학습된 사자굴에 대한 공포와 두려움으로 무기력함에 빠져들지 않았습니다. 그는 그 학습된 무기력함과 싸웠습니다. 그에게는 학습된 무기력함을 깨뜨릴 수 있는 강력한 믿음 파워를 가지고 있었습니다. 그의 믿음은 하나님의 천사를 움직여 죽음의 장소안에 있는 사자들의 입을 봉하게 만들어 버렸습니다. 그들의 입을 무장해제 시켜버렸습니다.

우리는 사자굴이 주는 학습된 무기력함과 싸워야 합니다. 사자굴은 믿음이 없는 자들에게는 죽음의 장소요, 자신을 위협하는 대적들로 가득찬 곳이요, 절망과 고통의 장소이지만 세상을 들어올리는 사명지렛대를 가진 자들에게 세상을 들어 올리는 강력한 지렛대를 장착하는 시간입니다. 그곳은 세상을 들어 올리는 파워스테이션입니다.

사자굴에 들어가기까지 다니엘은 믿음으로 살았다고 해도

세상을 들어 올리거나 세상을 움직이는 사람이 아니었습니다. 단지 자신의 자리에서 평범하게 살아가던 사람이었습니다. 그러나 사자굴을 통해 그는 세상을 들어 올리는 강력한 지렛대의 힘을 얻게 됩니다.

이제 다리오왕이 자신의 이름으로 바벨론의 관할 아래에 있는 모든 사람들이 볼 수 있도록 조서를 내립니다.

"내가 이제 조서를 내리노라 내 나라 관할 아래에 있는 사람들은 다 다니엘의 하나님 앞에서 떨며 두려워할지니 그는 살아 계시는 하나님이시요 영원히 변하지 않으실 이시며 그의 나라는 멸망하지 아니할 것이요 그의 권세는 무궁할 것이며 그는 구원도 하시며 건져내기도 하시며 하늘에서든지 땅에서든지 이적과 기사를 행하시는 이로서 다니엘을 구원하여 사자의 입에서 벗어나게 하셨음이라 하였더라" (단6:26-27)

다리오의 조서는 하나님의 존재와 그의 권세와 능력을 소개하는 복음의 핵심을 담고 있었습니다. 아무도 기대하지 못했던 미션, 아무도 상상하지 못한 그 불가능한 미션을 다니엘이 해낸 것입니다. 그는 자신이 믿음으로 붙들었던 사명지렛대로 세상을 움직였습니다.

빛의 직진성

크리스천들을 흔히 빛으로 많이 비유합니다. 그런데 빛이 가진 중요한 성질 가운데 하나가 바로 직진성입니다. 빛은 어떤 장애물이 있어도 직진하는 성질이 있습니다. 세상의 빛으로 부름받은 우리들도 빛처럼 세상속으로 곧게 나아가야 함을 의미합니다. 브레이크스루(Breakthrough)는 바로 빛의 직진을 의미합니다. 바리새인들과 서기관, 율법학자들은 세상에 빛으로 오신 예수님을 방해하고 심지어 잡아 죽이려고 모략을 세웠습니다. 그러나 주님은 나귀를 타고 예루살렘으로 올라가셨습니다. 자신을 죽이려고 다가오는 적들을 향해 올라가신 것입니다. 빛이신 주님의 직진성입니다.

조용기 목사님이 뉴욕에서 집회를 인도하실 때 일입니다.

어느 믿음 좋은 장로님 한분이 목사님을 찾아와서는 말합니다.

"한 이단 종파에서 일간 신문사를 계획하고 있는데, 그들이 일간신문을 만들려는 이유는 다른 게 아니라 기독교를 공격하기 위해서랍니다."

그래서 그 장로님은 기독교가 가만히 앉아서 당하지 않으려면 빨리 뭔가 대책을 세워야겠다 싶어 신문을 해보자고 백방으로 노력해 보았지만 기독교계의 힘이 모아지지 않아 너무나 안타깝다는 이야기였습니다.

그 말을 듣는 순간 하나님께서 자신에게 말씀하시는 것 같은 마음의 부담을 느꼈습니다. 그래서 신문에 대해서 잘 아는 전문가에게 물어보았더니 당장 일간신문을 하나 시작하려면 120억 원이 필요하다고 말합니다. 그래서 당회를 소집해서 "오늘 한국 기독교가 이 사회에서 영향을 미치고 살아남으려면 매스미디어가 있어야 됩니다. 우리 교회에서 이 일을 감당해야 되겠습니다." 라고 제안했더니 모든 당회원들이 교회가 공중 분해될지도 모른다며 만류했습니다. 너무나 고민이 되어 목사님은 기도원에 가서 그 문제를 놓고 계속 기도를 하고 있었는데 하나님께서 목사님의 마음에 "그래도 해야 된다"는 강한 확신을 주셨습니다. 그래서 주변의 반대를 무릅쓰고 그 신문을 시작하게 된 것입니다.

솔직히 어느 신문사든지 한 2억만 갖다 주면 싣고 싶은 기사나 글을 얼마든지 실을 수 있습니다. 그러나 그에게는 그 일을 해야 할 분명한 이유가 있었습니다. 이는 한국교회가 가져야 할 빛의 직진성 때문입니다. 다시 말하면 우리가 빛을 비추지 않으면 어두움이 세상을 통치하고 지배하기 때문입니다.

온누리교회 하용조목사님도 브레이크스루(Breakthrough)의 사람입니다. 그는 세계 어떤 교회들도 하지 못한 24시간 위성선교방송인 CGN TV를 통해 전 세계에 '복음의 고속도로'를 뚫었습니다. 지금 그의 몸은 6번의 간암수술을 받았고 일주일에 세 번씩 투석을 받아야 살 수 있는 분입니다. 그러나 하나님이 그에게 주신 사명은 그를 주춤하게 만들거나 돌아서게 하지 못했습니다. 그는 생명을 걸고 목회를 하고 자신에게 주어진 사역들을 감당하고 있습니다. CGN TV를 운영하기 위해 심각한 재정란을 겪었지만 그럼에도 불구하고 포기하지 않는 것은 누군가는 이 복음의 고속도로를 전세계에 뚫어야 한다는 사명감 때문입니다. 그래야 땅끝까지 이르러 복음을 전할 수 있다는 확신 때문입니다. 이 사명 때문에 하목사님은 건강이 좋지 않아 투석 중이면서도, 재정적인 어려움과 고통속에서도 이 사명을 포기하지 않는 것입니다. 이것이 바로 사명있는 삶입니다. 하나님 주신 사명을 붙들면 세상의 어떤 환난이나 결박가운데서도 브레이크스루(Breakthrough)할 수 있습니다.

미션 임파서블(Mission Impossible)

탐 크루즈의 영화 미션임파서블은 남녀노소를 막론하고 좋아하는 영화입니다. 미션 임파서블이라는 말의 단어적인 의미는 '불가능한 사명' 입니다. 영화 속에서도 탐 크루즈와 그의 동료들에게 정말 실현 불가능한 미션들이 주어집니다. 그러나 그들은 불가능해 보이는 미션을 결국 감당해 냅니다. 그래서 미션 임파서블이라는 말은 우리에게 '불가능한 미션' 이라기보다는 '반드시 완수해야 할 미션, 어렵지만 반드시 수행해야 하는 미션'의 대명사로 오늘날 사용되고 있습니다.

하나님께서 다니엘에게 주신 사명지렛대는 '바벨론 땅을 들어 올리는 것'이었습니다. 다시말해 바벨론 전역에 하나님을 보여주고 하나님을 소개하는 것입니다. 사람들은 '불가능한 미션'이라고 생각했을 것입니다. 왜냐하면 그가 포로로 끌려간 바벨론 땅은 이스라엘 땅과 비교도 할 수 없는 넓고 큰 땅이었고 그는 총리가 되었지만 그의 현재 모습은 수많은 사람들의 견제와 감시, 시기와 미움으로 자신의 역할을 감당하는 것조차 버거운 상황이었습니다. 그러나 다니엘은 그 '불가능해 보이는 미션'을 '가능한 미션'으로 바꾸어 놓았습니다.

사도바울에게 주어진 미션도 '미션 임파서블'이었습니다. 한마디로 '불가능한 미션'입니다. 그는 이스라엘족속이고 히브리인이며 바리새인이었습니다.

"나는 팔일 만에 할례를 받고 이스라엘 족속이요 베냐민 지파요 히브리인 중의 히브리인이요 율법으로는 바리새인이요 열심으로

는 교회를 박해하고 율법의 의로는 흠이 없는 자라"(빌3:5-6)

그는 가말리엘 문하에서 수학한 엘리트(Elite)였고, 그의 탁월할 학문과 인맥은 유대인을 위해 사용되었다면 더 확실한 결실을 얻을 수 있어 보입니다. 그런데 하나님은 그를 이방인과 임금들과 이스라엘 자손들을 위한 그릇으로 삼으셨습니다.

"주께서 이르시되 가라 이 사람은 내 이름을 이방인과 임금들과 이스라엘 자손들에게 전하기 위하여 택한 나의 그릇이라"(행9:15)

그가 이스라엘족속을 넘어 다른 이방 땅으로 갔을 때 부딪칠 수 있는 많은 한계가 있었습니다. 그의 신분으로 다른 나라 임금들 앞에 선다는 것은 말도 그렇게 쉬운 일이 아닙니다.

'NO MORE BEYOND' & 'MORE BEYOND'

1492년까지 스페인령으로 스페인이 통치하고 있었던 지브랄

탈 해역에는, 라틴어로 된 작은 표지판 하나가 세워져 있었다고 합니다. 그 글자는 "네블루스 울트라, 네불루스 울트라"로 영어로 번역하면 'NO MORE BEYOND' 입니다. "이 너머에는 아무것도 없다. 이 너머에는 아무것도 없다."라는 말입니다.

당시 사람들은 지구가 둥글다고 생각하지 않았습니다. 지구는 평평하여 끝이 있다고 생각한 것입니다. 그 당시 스페인 사람들과 유럽의 많은 사람들은 바로 그곳이 지구의 끝이라고 생각한 것입니다. 당시까지만 해도 사람들은 의심하지 않았습니다. 그러나 1492년 이후는 상황이 달라졌습니다. 지구의 끝을 끝이 아니라고 용감하게 넘어간 사람이 있었습니다. 그는 그것이 끝이 아니고 또 다른 세계가 있을 것이라고 확신하였습니다.

지구의 끝 너머에는 참담한 벼랑만이 있을 것이라고 생각했는데 그것은 끝이 아니었고 그 너머에는 신대륙 아메리카가 있었습니다. 그래서 그 후 사람들은 그 표지판을 바꾸었다고 합니다. 사람들은 첫 글자 "네어" 라는 단어를 떼어 내고 'MORE BEYOND' 로 바꾸었다고 합니다. '네어' 는 영어의 노(No)와 같은데 그 단어가 빠지니까 이제는 "저 건너편에는 많은 것이 있다! 놀라운 것이 있다!"라는 간판으로 바뀌었다고 합니다.

누가 봐도 바울에게 주어진 시명은 불가능한 미션처럼 보입니다. 'NO MORE BEYOND' 어쩌면 더 이상 갈 수 없다는 의미로도 사용할 수 있습니다. 그런데 바울은 그 불가능한 미션을 '반드시 완수해야 할 미션' 미션 임파서블로 만들어 버립니다.

생명담보

어떻게 그것이 가능합니까?

"내가 달려갈 길과 주 예수께 받은 사명 곧 하나님의 은혜의 복음을 증언하는 일을 마치려 함에는 나의 생명조차 조금도 귀한 것으로 여기지 아니하노라"(행20:24)

그는 자신의 사명지렛대를 위해 생명을 거는 배수진을 칩니다. 그는 말합니다. 주 예수께 받은 사명을 위해 자신의 생명조차 귀한 것으로 여기지 않는다고 말합니다. 그는 그가 이룬 성취에 만족하지 않았습니다. 늘 그의 삶은 'MORE BEYOND' 의 삶이었습니다. 그는 3차에 걸친 전도여행을 통해 많은 교회를 세웠습니다. 가는 곳마다 복음의 씨앗을 심었고 놀라운 결실을 거두었습니다. 그러나 그는 멈추지 않았습니다. 생명을 걸었습니다. 그랬더니 그 불가능해 보이는 미션이 이제는 반드시 완수할 수 있는 미션으로 바뀌었습니다.

미션임파서블은 하나님의 사명을 위해 생명을 거는 자들을 통해 이루어집니다. 세상을 들어 올리는 사명지렛대는 "More beyond" 넘어야 할 많은 것을 보게 만듭니다. 그래서 세상을 들어 올릴 수 있는 것입니다.

빅트로 위고는 말합니다.
"죽는 것은 아무것도 아니다. 한 번도 진정으로 산 적이 없었다는 것이 가장 두려운 일이다."
진정으로 사는 것, 그것은 하나님이 주신 사명을 생명을 담보로 감당하는 것입니다.

미션 임파서블 단 6:10-28

1. 브레이크스루(Breakthrough)

다니엘은 왕의 금령앞에 '가장자리의 길'을 의미하는 갓길을 선택하지 않고 하나님의 길인 갓길(God's way)을 선택했습니다. 잠시 피할 수도 있었습니다. 잠시 돌아갈 수도 있었습니다. 그러나 그는 하나님이 주신 사명 때문에 브레이크스루를 (Breakthrough;돌파, 돌진) 선택합니다.

사명은 우리를 비겁하고 무기력하게 만들지 않습니다. 빛처럼 직진하여 우리앞에 있는 학습된 무기력을 깨뜨려 버립니다.

다니엘은 '돌파해야만 세상을 들어 올릴 수 있다'는 하나님의 원리를 알고 있었습니다. 그래서 그는 자신에게 주어진 그 길을 담대하게 걸어갔습니다.

2. 파워스테이션 (Power station)

다니엘이 던져진 사자굴은 믿음이 없는 자들에게는 죽음의 장소요, 자신을 위협하는 대적들로 가득찬 곳이요, 절망과 고통의 장소였습니다. 그러나 세상을 들어 올리는 사명지렛대를 가진 다니엘에는 세상을 들어올리는 강력한 지렛대를 장착하는 시간입니다. 그곳은 세상을 들어 올릴 힘을 공급받는 파워스테이션(Power station) 이었습니다.

사자굴에 들어가기까지 다니엘은 세상을 들어 올리거나 세상을 움직이는 사람이 아니었습니다. 단지 자신의 자리에서 평범하게 살아가던 사람이었습니다. 그러나 사자굴을 통해 그는 세상을 들어 올리는 강력한 파워스테이션이 되었습니다.

3. 미션 임파서블(Mission Impossible)

미션 임파서블이라는 말의 단어적인 의미는 '불가능한 사명' 입니다. 그러나 미션 임파서블이라는 말은 오늘날 우리에게 '불가능한 미션' 이라기 보다는 '반드시 완수해야 할 미션, 어렵지만 반드시 수행해야 하는 미션'의 대명사로 사용되고 있습니다. 하나님께서 다니엘에게 주신 사명지렛대는 '바벨론 땅을 들어 올리는 것'이었습니다. 도저히 '불가능한 미션'입니다. 그러나 생명을 담보로 미션을 감당한 다니엘에게 불가능한 미션은 없었습니다. 생명을 건 다니엘의 사명지렛대는 '불가능해 보이는 미션'을 '가능한 미션'으로 바꾸어놓았습니다. 하나님께서 우리에게 맡기신 미션은 반드시 성취되어야 합니다. 불가능해 보여도, 힘이 들어도, 많은 어려움이 있더라도 '미션 임파서블'이 되어야 합니다.

주신 사명을 위해 당신은 무엇을 걸 수 있습니까?

3. 마중물의 기적 마14:13-21

Calling water

제가 중학교때 아버지께서 20년 교편생활을 그만두시고 경주 포석정 주변에 있는 한 시골교회로 부임하시게 되었습니다. 도시에 살던 제가 그곳에서 두 가지 문화충격을 경험하게 되었습니다. 하나는 두레박을 던져 우물물을 긷는 것과 다른 하나는 마당 한편에 있던 작두펌프였습니다.

더운 여름 그 작두펌프에 대한 호기심이 발동을 했습니다. 그리고 조심스럽게 작두를 움직여 보았습니다. 그런데 철컥철컥 빈 소리만 나고 물이 나오지 않았습니다. '그러면 그렇지 이건 고장이구나' 생각을 하게 되었습니다.

저의 행동을 보고 계셨던 어떤 분이 옆에 놓인 물동이에서 물을 한 바가지 펌프안에 부어넣은 다음 펌프질을 해야 물이 나온다는 것을 알려 주었습니다. 그리고 물 한바가지를 그 펌프 안에다가 붓고 열심히 펌프질을 하니까 '컥컥' 하면서 물이 올라왔습니다. 그때 맛보았던 그 시원하고 맛있는 물맛을 지금도 잊지 못합니다. 그리고 최근에야 그 때 부었던 그 물 한 바가지를 '마중물' 이라고 부른다는 것을 알게 되었습니다.

마중물은 펌프와 샘을 이은 파이프 안의 공기를 없애기 위해 필요한 것으로, 마중물을 붓지 않고는 아무리 펌프 지렛대를 움직여도 삐꺽대기만 할뿐 물은 나오지 않습니다. 마중물을 붓고 펌프질을 하면 처음에는 마중물이 흘러나오다가, 이어 시원한 샘물이 올라옵니다. 그래서 영어로 마중물을 'calling water' 즉 '물을 부르는 물' 혹은 'Priming Water' 즉 '기폭제 역할을 하는 물' 이라고 부릅니다.

사하라 사막을 여행하던 사람이 있었습니다. 가진 물은 바닥나고 오아시스를 찾지 못한 채 온종일 사력을 다해 걷고 있었습니다. 지쳐 쓰러지기 일보직전에 멀리 오아시스가 보였습니다.
그런데 이상한 것은 말라버린 오아시스에 펌프 하나만 박혀 있
었던 것입니다. 허겁지겁 급한 김에 펌프질을 해보았지만 헛바
람만 '피익 피익' 나고 물은 한 방울도 나오지 않았습니다.

절망감에 주저앉아 있는데 야자수 나무기둥에 편지 쪽지 하
나가 묶여 있었습니다. 일어나 그 쪽지를 펴보니 이렇게 써있었
습니다.

"이곳을 지나가다 목이 마른 사람을 위하여 저 바위밑에 물
한통을 묻어 놓았습니다. 이 물은 아무리 목이 마르고 급해도
마시면 안됩니다. 이 물은 펌프질을 위하여 마중물로만 써야 합
니다. 그리고 물을 길어 충분히 마시고, 그 물통에 가득 채운
뒤 반드시 다시 저 바위 밑에 묻어 놓아야 합니다. 뒤에 오는
목마른 사람을 위하여"

이 사나이는 바위 밑을 파고 물 한통을 꺼내었으나 갑자기
고민에 빠졌습니다.
'이 물을 지금 내가 마셔야 할까? 이 쪽지의 말을 믿고 마중

물로 펌프에 부으며 펌프질을 해야 할까? 만일 마른 펌프에 이 물을 다 붓고도, 물이 안 나오면 나는 여기서 끝장인데 과연 어떻게 해야 할까?

고민하고 망설이다가 '죽을 때 죽더라도 그 말을 믿자' 하고 펌프에 물 한통을 부으며 힘껏 펌프질을 하기 시작했습니다. 한참 후에야 드디어 물은 솟구쳐 올라왔습니다. 나그네는 실컷 물을 마셨고 다른 사람들을 위해 그 물통에도 물을 가득 채워 바위밑에 묻어놓고 떠나갔다고 합니다. 우리도 마중물을 볼 때마다 이 사람처럼 고민합니다.

'지금 내가 목이 마른데 나를 위해 이 물을 먹어버려야 하나? 아니면 이 물을 마중물로 펌프에 부어야 하는가?'

마중물을 보는 눈

빈들에서 예수님께서는 수많은 병자들을 고치시고 하나님 나라의 일을 말씀하십니다. 그러다보니 날은 저물고 사람들은 배가 고파 지쳐가게 되었습니다. 제자들이 와서 말합니다. "날

이 저물었으니 무리를 보내어 그들로 하여금 먹을 것을 사먹게 하소서" 그랬더니 주님께서 "너희가 먹을 것을 주라"고 말씀하십니다. 그러자 제자들은 말합니다.

"여기 우리에게 있는 것은 떡 다섯 개와 물고기 두 마리뿐입니다"

이 말은 '이것 가지고 어떻게 이 많은 사람들을 먹일 수 있습니까? 안됩니다. 불가능합니다.' 라는 의미입니다.

그들은 눈에 보이는 부분 즉 계산적이고 제한적인 이성적 사고의 틀 속에서만 보았습니다. 그렇기에 그들의 생각에서는 그 사소하고 보잘것없는 것으로 이 많은 사람들을 먹일 수 없다고 생각한 것입니다. 어쩌면 그들은 '이것으로 오천 명이 넘는 사람들을 먹이는 것이 불가능하니 차라리 우리라도 먹고 허기라도 면하는 것이 낫지 않을까' 라는 생각을 했을지도 모르겠습니다. 그러나 손에 쥐고 있었던 그 떡 다섯 개와 물고기 두 마리가 오천 명을 먹일 수 있는 마중물이라는 사실을 그들은 미처 알지 못했습니다.

이스라엘에 심한 기근이 들었을 때, 하나님께서 엘리야에게 사르밧으로 가라고 하셨습니다. 엘리야가 사르밧에 이르자 한 과부가 성 밖에서 나뭇가지를 줍고 있었습니다. 엘리야는 그 과부에게 물을 달라고 청했습니다. 과부가 물을 가지러 갈 때 엘리야가 과부에게 말했습니다.

"청컨대 네 손의 떡 한 조각을 내게로 가져오라"(왕상17:11)

그러자 그 과부가 말합니다.

"나는 떡이 없고 다만 통에 가루 한 움큼과 병에 기름 조금이 있을 뿐입니다. 이제 내가 나뭇가지 둘을 주어다가 내 아들과 떡을 만들어 먹고 죽으려던 참입니다."

과부에게는 아끼고 아껴왔던 가루 한 움큼과 기름 조금이 있는데, 더 아끼다가는 그것도 먹지 못하고 죽을 것 같으니까 그것으로 떡을 만들어 먹고 죽으려고 했던 것입니다.

엘리야가 다시 과부에게 말했습니다.

"두려워 말고 가서 먼저 나를 위하여 작은 떡 하나를 만들어 가져오라 그러면 여호와께서 땅에 비가 내리는 날까지 그 통의 가루가 다하지 않고 병의 기름이 없어지지 아니하리라고 하셨느니라"(왕상17:13)

이것은 마치 '네가 마중물을 부어라. 그러면 그 마중물이 샘 근원을 끌어당겨 마르지 않는 물을 주리라' 는 말씀이었습니다. 이 사르밧 과부는 자신의 손에 들려 있는 그 마지막 남은 가루 한 움큼과 기름 조금을 '마중물' 로 볼 수 있는 영적인 눈을 가지고 있었습니다. 그리고 엘리야의 말대로 했더니 통의 가루가 떨어지지 아니하고 병의 기름이 없어지지 않는 기적을 경험하게 되었습니다. 이것이 바로 마중물의 기적입니다.

지금 내 손에 들려 있는 마중물을 보십시오. 그 마중물은 어떨 때는 아주 사소해 보이고 하찮아 보입니다. 그것은 지금 당장 나의 갈한 목은 축일 수 있고, 지금 당장 나의 배를 만족시킬 수 있습니다. 그러나 그것으로 내 배를 채울 것인가? 아니면 그것을 마중물로 사용할 것인가는 바로 우리의 선택에 달려 있습니다.

농사를 짓는 사람들에게는 철칙이 있습니다. 아무리 배가 고파도 다음해 땅에 뿌릴 씨앗은 절대 먹지 않는 것입니다. 아무리 목이 말라도 마중물을 마셔서는 안됩니다. 아무리 배가 고파도 떡 다섯 개와 물고기 두 마리를 먹어서는 안됩니다. 이 모든 것이 풍성한 미래를 위한 마중물이기 때문입니다.

감사의 마중물

자, 이제 당신의 손에 마중물을 발견했다면 그 다음 작업은 그 마중물을 펌프안에 붓는 것입니다. 주님께서 그 떡과 물고기를 내게로 가져오라고 말씀하셨습니다. 그리고 그 떡 다섯 개와 물고기 두 마리를 가지사 하늘을 우러러 축사하셨습니다. 축사한다는 말은 영어로 'give thanks 즉 하나님께 감사를 드리는 것' 입니다. 마중물을 펌프안에 붓는 작업이 바로 하나님께 감사하는 것입니다. 감사는 하나님과 우리 사이에 막혀있는 공기를 제거하고 하나님과 우리 사이에 파이프를 연결하는 것입니다. 감사하지 않으면 우리는 하나님의 그 풍성한 샘 근원을 끌어올 수 없습니다.

남아메리카 주 멕시코 어떤 마을에 온천과 냉천이 옆에서 가지런히 솟아나는 신기한 곳이 있습니다. 한쪽에는 부글부글 끓는 온천이 땅에서 솟아오르고 그 옆에는 얼음물과 같이 차가운 냉천이 솟아오릅니다. 그 동네 아낙네들은 빨래 광주리를 가지고 와서 온천에서 빨래를 삶고 냉천에서 헹구어 가지고 깨끗한 옷을 집으로 가져갔습니다. 그 모습을 본 외국 관광객이 안내원에게 물었습니다.

"이곳 부인들은 참 좋겠습니다."

"왜요?"

"찬물과 더운물을 마음대로 거저 쓸 수 있으니까요. 이곳 사람들에게는 온천과 냉천을 주신 하나님께 감사하는 마음이 많겠군요."

그랬더니 그 안내원이 대답합니다.

"천만에요. 이곳 아낙네들은 감사하기보다는 불평이 많습니다. 왜냐하면 비누가 나오지 않으니까요."

아무리 좋은 여건을 가지고 있어도 감사하지 않으면 그 풍성함을 절대 누릴 수 없습니다. 그러나 반대로 아무리 열악한 환경과 여건이라도 하나님과의 감사의 파이프가 연결되면 우리의 삶에는 놀라운 일이 생기게 됩니다.

미국 오하이오 신시네티에 있는 비누를 만드는 한 회사(푸록토&캠블 컴퍼니)가 있었습니다. 이 회사를 설립한 '할레이 프록토' 라는 사람은 아주 믿음이 좋은 크리스천이었습니다. 회사가 아무리 어려워도 하나님 앞에 감사하고 십일조를 철저히 드렸습니다.

한번은 직원이 비누 만드는 기계를 규정된 시간보다 더 오래 가동 시키는 바람에 엉터리 비누가 만들어지고 말았습니다. 물에 둥둥 뜨는 이상한 비누가 만들어지게 되었습니다. 이 직원은 어찌할 바를 모르고 당황했고 이 일로 회사가 큰 손해를 입게 되었습니다. 그러나 이 사실을 전해들은 프록토사장은 늘 모든 일에 긍정적으로 생각하고 감사하는 사람이었기 때문에 화부터 내지 않고 하나님 앞에 감사하면서 묵상 기도를 했습니다. 그런데 그때 한 가지 생각이 그의 머리를 스쳐 지나갔습니다. 감사로 기도하는 그에게 하나님이 영감을 주신 것입니다.

‘목욕탕에서는 물에 뜨는 비누가 훨씬 더 좋지 않을까?’ 하는 생각이었습니다.

이 엉뚱하게 만들어진 비누를 ‘아이보리’ 라는 이름으로 시장에 내놓았습니다. 내놓자마자 날개 돋친 듯 팔리기 시작했습니다. 지금도 ’ 아이보리’는 세계적으로 유명한 비누로 알려져 있습니다. 아이보리 비누는 원망했다면 엄청난 손해로 끝났을 사건이, 감사함으로 엄청난 축복이 된 사건의 증거입니다.

우리는 자주 절망하고 슬퍼하면서 시간을 흘러 보내고 하나님의 일하심을 놓칠 때가 많습니다. 그러나 감사하게 되고 하나님의 뜻을 구하다보면 우리가 상상할 수 없는 하나님의 섭리와 은혜를 경험하게 됩니다. 그래서 감사는 펌프와 샘 근원 사이에 막혀있는 불필요한 공기를 제거하는 작업입니다.

내게 주신 것에 대해 감사하십시오. 사소하고 하찮은 것이지만 주님은 그것을 무시하거나 그것 때문에 실망하지 않으시고 하늘을 우러러 축사하셨습니다.

얼마 전 어떤 분으로부터 〈가나다라의 감사〉라는 제목의 메일을 받았습니다.

가 - 가족을 감사하자. (인생의 최고의 선물은 가족이다.)

나 - 나를 감사하자. (자신에 대한 최고의 예우는 감사다.)

다 - 다 감사하자. (모두를 감사함이 진짜 감사다.)

라 - 라이프스타일이 감사가 되게 하자. (감사로 시작해서 감사로 마치는 하루가 복되다.)

마 - 마음껏 감사하자. (기왕이면 넘치는 감사를 하자.)

바 - 바로바로 감사하자. (감사를 미루면 감사도 시든다.)

사 - 사건까지도 감사하자. (사건조차도 감사하는 순간 기적으로 돌아온다.)

아 - 아무에게나 감사하자. (감사는 여권과 같다. 국경이 없다.)

자 - 자동으로 감사하자. (감사가 DNA가 될 때 정상을 살게 된다.)

차 - 차선(次善)도 감사하자. (차선이 최선, 최고로 돌아온다.)

카 - 카운트하듯 감사하자. (감사는 헤아리면 헤아릴수록 커진다.)

타 - 타이밍을 맞춰 감사하자. (때에 맞는 감사가 성공 인생의 보증수표가 된다.)

파 - 파노라마처럼 감사를 펼쳐보자. (감사가 내 마음의 이력
서가 된다.)

하 - 하루에 다섯 가지를 감사하자. (다윗이 들었던 다섯 개의
물맷돌과 같아 승리를 가져온다.

우리의 삶에 하나님께서 내게 행하신 일들을 인정합시다. 그것
이 바로 감사입니다. 작은 것과 평범한 것에 감사하십시오. 감사
가 하나님의 풍성한 원천샘물을 우리에게 가져다 줄 것입니다.

열정의 펌프질

그런데 여기에서 주의할 것이 있습니다. 그것은 마중물을 펌
프 속에 붓는 것만으로는 깊이 있는 샘물이 올라오지 않는다
는 것입니다. 마중물을 붓고 가만히 있으면 물이 올라오는 것이
아니라 열심히 펌프질을 해야만 '컥컥' 하면서 물이 올라오는
것입니다. 주님께서 떡을 가지사 축사하시고 떼어주시면서 제자

들에게 말씀하십니다.

"주님께서 떡을 가지사 축사하시고 그것들을 떼어 제자들에게 주시며 나누어 주라"(마14:19)

제자들이 주님 말씀을 믿고 순종했더니 사르밧 과부에게 일어났던 부어도 부어도 끊어지지 않는 놀라운 기적을 경험하게 된 것입니다. 기적은 하나님을 향한 우리의 감사와 세상을 향한 우리의 열정에서 시작됩니다.

감사하는 사람은 삶에서 하나님의 은혜를 찾는 사람이고 그 은혜를 세상 속에 열정적으로 나누는 사람입니다. 마치 펌프질을 하듯이 우리의 삶에 내가 받은 하나님의 은혜를 나눌 수 있는 열정적인 사람으로 변하게 됩니다. 감사를 해야 나눌 수 있는 동기부여가 됩니다. 감사의 펌프질을 하십시오. 그러면 우리의 삶도 주어도 주어도 마르지 않는 샘물처럼 무한한 하나님의 사랑과 은혜를 나누어 줄 수 있게 됩니다.

어느 마을에 옹달샘이 있었습니다.

물맛이 좋아 동네 사람들도 와서 그 물을 퍼다 먹었습니다. 그런데 구두쇠 주인 영감이 그 좋은 물을 나누어 먹는 것이 아깝다는 생각이 들기 시작했습니다. 그러자 그는 옹달샘 주변에 울타리를 쳐서 이웃들이 떠가지 못하게 막았습니다. 그리고 혼자서 그 물을 먹었습니다. 그런데 웬일인지 6개월이 지나고 1년이 지나니 물이 조금씩 조금씩 마르기 시작했습니다. 그리고 얼마 후에 물이 완전히 말라 버리고 말았습니다. 옹달샘은 물을 계속 퍼내야 나오는 법인데 그걸 몰랐던 것입니다.

몇 년 전에 한 성경공부 그룹을 인도할 기회가 있었습니다.

매주 한 과정을 마치고 나면 주제와 관련된 숙제 하나씩을 내주게 되었는데 그 날의 숙제의 제목이 〈1,000원의 행복〉이었습니다.

하얀색 봉투에 1,000원씩을 넣었습니다. 그리고 한분 한분에게 그것을 나누어주면서 "이 1,000원은 목사인 제가 여러분들에게 드리는 선물입니다. 감사함으로 이 1,000원을 가지고 가장 의미있는 곳에 사용하십시오." 라고 미션을 주었습니다. 의외로 사람들의 반응이 진지했습니다. 사람들은 '이 1,000원으로 어떻게 하면 가장 의미있게 사용할까'를 고민하기 시작했습니다. 그리고 그 다음 주에 사람들이 와서 자신의 삶에 일어난 기적들을 나누기 시작했습니다.

칠순이 넘은 권사님 한 분은 '목사님이 주신 이 돈으로 무엇을 할까'를 고민하며 기도하기를 시작했습니다. 그런데 갑자기 '잔치'라는 단어가 머릿속에 맴돌기 시작했습니다. 그래서 시장에 가서 부추를 1,000원을 주고 샀습니다. 그리고 부침개를 부쳐 평소에 소홀하게 지냈던 사람들과 나누기 시작했습니다. 그때 그 권사님은 예전에는 느끼지 못했던 기쁨과 행복을 얻게 되었습니다.

또 한 집사님은 다른 교회에서 오신 분이셨는데 그분도 1,000원으로 무엇을 할까 고민하다 돼지고기를 조금 사다 김치찌개를 끓였습니다. 그리고 남편과 식구들에게 대접하면서 좋은 의도로 사용하려고 하니 식사 값으로 얼마를 달라고 부탁을 했습니다. 그리고 그 돈으로 극세사 실을 구입하여 열심히 뜨개질을 하셨습니다. 그리고 며칠 동안 작업 끝에 극세사 수세미를 여러 개 만들게 되었습니다. 그리고 자신이 봉사하는 노인학교

학생들에게 그 수세미를 선물로 드렸습니다.

"나도 거저 받은 것으로 이렇게 나누는 것이니 부담없이 받으세요." 하며 나누어 드렸습니다. 그분들이 너무들 좋아하셨습니다.

그런데 그 다음 주에 생각지 않았던 일들이 일어났습니다. 자신은 감사해서 작은 것을 나누었는데 그 수세미를 받은 분들이 어떤 분은 집에서 콩을, 어떤 분은 스타킹 한 박스를, 어떤 분은 참기름을 가지고 와서 자신들도 '내게 주어진 감사를 나누고 싶다'며 다 그 집사님에게 주더라는 것입니다. 자신은 작은 수세미 하나를 나누었을 뿐인데 자신은 몇 배의 선물을 받았다고 신이 나서 자랑을 하셨습니다.

감사를 나누는 열정이 우리의 삶에 작은 기적을 만들어 냅니다. 우리가 감사를 나누지 못하는 이유는 '나눌 것이 없기 때문'이 아니라 '나눔의 기쁨을 모르기 때문'입니다.

누군가의 마중물을 위해

이제 마지막으로 주님께서는 남은 조각이 버려지는 것을 원하지 않으셨고 그것들을 거두라고 말씀하셨습니다.

"남은 조각을 거두고 버리는 것이 없게 하라"(요 6:12절)

왜 주님께서는 남은 조각을 버리지 못하게 하셨을까요? 그것은 그 남은 조각이 또 누군가의 마중물이 될 수 있기 때문입니다. 다시 말해 누군가의 마중물을 준비해두기 위함입니다.

이제 우리는 마중물을 준비하는 인생이 되어야 합니다. 사명 지렛대를 붙들고 세상을 들어올리기 원하는 크리스천들은 세상을 위한 마중물이 되기 위한 결단이 필요합니다. 지금 우리가 살아가는 세상은 모두가 작두펌프를 통해 시원하고 맛있는 물을 먹기 원합니다. 그러나 아무도 마중물로 자신이 먼저 부어지는 것을 원하지 않습니다. 마중물이 부어지지 않으면 누구도 시원하고 깨끗한 물을 마실 수 없습니다.

이제 우리가 보리떡 다섯 개와 물고기 두 마리를 드린 그 소년처럼 하나님이 만들어 가시는 세상을 위한 마중물로 부어지는 결단을 해야 합니다.

마중물로 부어지는 자는 감사할 수 있습니다.

마중물로 부어지는 자는 열정의 펌프질을 할 수 있습니다. 마중물로 부어지는 자는 누군가를 위한 마중물을 준비해두는 자가 될 수 있습니다.

지금이 바로 그때입니다. 당신이 하나님을 위해 세상 속에 부어져야 할 시간입니다.

마중물의 기적 마 14:13-21

마중물은 펌프와 샘을 이은 파이프 안의 공기를 없애기 위해 먼저 붓는 한 바가지 정도의 물을 의미합니다. 즉 마중물은 'calling water' 즉 '물을 부르는 물' 혹은 'Priming Water' 즉 '기폭제 역할을 하는 물'을 의미하는 말입니다.

1. 마중물을 보는 눈

제자들은 한 소년이 드린 떡 다섯 개와 물고기 두 마리를 사소하고 하찮은 것으로 보았지만 예수님은 그것이야말로 5,000명이 넘는 사람들을 먹일 마중물로 보셨습니다. 내 손에 들려 있는 마중물을 볼 수 있을 때 우리의 삶에 기적이 일어나게 됩니다. 아무리 목이 말라도 마중물을 마셔서는 안됩니다. 아무리 배가 고파도 떡 다섯 개와 물고기 두 마리는 마중물로 사용되어야 합니다.

2. 감사의 마중물

주님께서는 그 떡과 물고기를 내게로 가져오라고 말씀하셨습니다. 그리고 그 떡 다섯 개와 물고기 두 마리를 가지사 하늘을 우러러 축사하셨습니다. 축사한다는 말은 영어로 'give thanks' 입니다.

다시 말해 주님께서는 그 사소하고 하찮은 것들을 하나님께 감사한 것입니다. 이것이 바로 마중물을 펌프안에 붓는 감사의 단계입니다.

감사는 하나님과 우리 사이에 막혀있는 공기를 제거하고 하나님과 우리 사이에 파이프를 연결하는 것입니다. 감사하지 않으면 우리는 하나님의 그 풍성한 샘근원을 끌어올 수 없습니다.

하나님이 내게 주신 것에 대해 감사하십시오. 사소하고 하찮은 것이지만 그것들을 무시하지 말고 하나님께 감사하십시오.

3. 열정의 펌프질

그런데 여기에 주의할 것이 있습니다. 마중물을 펌프 속에 붓는 것만으로는 깊이 있는 샘물이 올라오지 않습니다. 마중물을 붓고 가만히 있다고 물이 올라오는 것이 아니라 열심히 펌프질을 해야만 '컥컥' 하면서 물이 올라오는 것입니다. 그래서 주님께서도 떡을 가지사 축사하시고 그것들을 떼어 제자들에게 주시며 나누어 주라고 말씀하십니다.

기적은 하나님을 향한 우리의 감사와 세상을 향한 우리의 열정에서 시작됩니다. 감사하는 사람은 삶에서 하나님의 은혜를 찾는 사람이고, 그 은혜를 세상 속에 열정적으로 나누는 사람입니다. 마치 펌프질을 하듯이 내가 받은 하나님의 은혜를 세상 속에 나누어야 합니다.

감사의 펌프질을 시작하십시오. 그러면 우리의 삶에 주어도 주어도 마르지 않는 샘물처럼 우리는 무한한 하나님의 사랑과 은혜를 나누어 줄 수 있게 됩니다. 우리가 감사를 나누지 못하는 이유는 '나눌 것이 없기 때문' 이 아니라 '나눔의 기쁨을 모르기 때문' 입니다.

4. 마중물을 준비하는 인생

이제 주님께서는 남은 조각이 버려지는 것을 원하지 않으셨고 그것들을 거두라고 말씀하셨습니다(요.6:12).

왜 남은 조각을 버리지 못하게 하셨을까요?

그것은 그 남은 조각이 또 누군가를 위한 마중물이 될 수 있기 때문입니다. 마중물을 준비해두기 위함입니다.

이제 우리는 마중물을 준비하는 인생이 되어야 합니다. 하나님께 감사하고 감사의 나눔을 할 수 있는 마중물 인생이 되십시오. 우리가 부어질 때 우리는 하나님의 원천샘물을 끌어올려 세상 가운데 하나님의 생수를 나누어 줄 수 있습니다. 이것이 바로 하나님이 우리를 이 땅 가운데 세우신 목적입니다.

4. 해프닝(Happening) 눅23:26

쿵푸 팬더

<쿵푸 팬더>라는 영화가 있습니다. 그 영화의 주인공인 <팬더 포>는 국수집의 가업을 이어가며 평범한 일상을 살아가는 자였습니다. 그런데 그에게 생각지 않았던 해프닝이 일어났습니다. 그것은 자신이 용의 전사가 되어 위기에 처한 마을을 구해야 한다는 것이었습니다.

처음에는 <포> 자신도 그 사실을 받아들일 수 없었습니다. 자신의 스승인 <시푸>조차도 그가 용의 전사가 될 자격이 없다고 생각했습니다. 다른 동료들도 좋아하지 않았습니다.

그런데 그에게 용의 전사의 임무가 마치 해프닝처럼 다가왔습니다. 더 심각한 문제는 엄청난 힘을 가진 〈타이렁〉이라는 적이 마을을 공격하기 위해 다가오고 있다는 것입니다. 그러나 용의 전사로 부름받은 〈팬더 포〉는 위기에 빠진 마을을 구할 능력도, 용의전사가 될 확신도 없었지만 자신에게 다가온 해프닝을 받아들였습니다. 그리고 자신에게 주어진 사명의 길에 최선을 다해 걸어갔을 때 그는 정말 전설로 내려오던 용의 전사가 되어 마을을 구하게 되었습니다.

때때로 우리에게 생각지 않았던 갑작스러운 사명이 주어질 때가 있습니다. 나는 준비가 되지 않았고, 나는 그 일을 원하지도 않지만 도망칠 수조차 없는 상황 속에 내던져질 때가 있습니다.

해프닝의 십자가

위대한 출애굽의 지도자 모세에게도 이러한 해프닝이 일어났습니다. 그는 사람을 죽이고 애굽에서 도망쳐 미디안 광야로

갔습니다. 그곳에서 가정을 이루고 나름대로 만족한 생활을 하고 있었습니다. 다시 애굽으로 돌아가 고통스럽고 수치스러운 과거에 묶이고 싶지 않았습니다.

그런데 하나님께서는 모세에게 애굽으로 가라고 말씀하셨습니다. 그러나 모세는 거절합니다. 자신은 갈 수 없고 그 일을 감당할 능력도 없다고 말합니다. 그러나 하나님은 모세가 그 일을 해야 한다고 말씀하셨습니다.

사도행전 9장에 하나님께서 아나니아에게 나타나십니다.

"아나니아야!" 그가 대답합니다. "내가 여기 있나이다." 그때 하나님은 아나니아에게 사울이라는 사람을 찾아가서 그에게 안수하고 그가 다시 보게 하라고 말씀하십니다.

"아나니아가 대답하되 주여 이 사람에 대하여 내가 여러 사람에게 들사온즉 그가 예루살렘에서 주의 성도에게 적지 않은 해를 끼쳤다 하더니 여기서도 주의 이름을 부르는 모든 사람을 결박할 권한을 대제사장들에게서 받았나이다 하거늘"(행9:13-14)

아나니아는 이미 사울에 대한 소문을 들었습니다. 그는 믿는 사람들에게 해를 끼치는 자이고 주의 이름을 부르는 사람을 결박할 권세를 가진 사람이기에 잘못하면 자신도 붙잡힐 수 있다는 두려움이 생겼습니다. 그런데 하나님은 "가라"고 말씀하십니다. 갑자기 다가온 '해프닝'이었습니다.

구레네 사람 시몬을 보십시오. 구레네는 지금의 아프리카 리비아 수도인 트라폴리 지방인데 예루살렘에서 상당히 먼 곳입니다. 구레네 사람은 그곳에서 살던 사람입니다. 그가 그 먼 곳에서 유월절을 지키기 위해 한 달 이상을 걸려 예루살렘을 찾아왔습니다.

그가 예수님의 십자가를 진 것은 본인의 의지가 아닌 하나의 해프닝에 불과했습니다. 그는 예수님께서 십자가를 지고 올라가는 장면을 보고 있던 수많은 사람들 가운데 한 명이었습니다. 그는 예수의 제자도 아니었고 그렇다고 전부터 예수님에 대해 잘 알고 있던 사람도 아니었습니다. 그러나 정말 우연하게 그가 붙들렸고 피할 수 없이 그 십자가를 져야 될 사명이 주어진 것입니다. 해프닝입니다.

"또 자기 십자가를 지고 나를 좇지 않는 자도 내게 합당치 아니하니라"(마10:38)

"이에 예수께서 제자들에게 이르시되 아무든지 나를 따라오려거든 자기를 부인하고 자기 십자가를 지고 나를 좇을 것이니라" (마16:24)

"누구든지 자기 십자가를 지고 나를 좇지 않는 자도 능히 나의 제자가 되지 못하리라"(눅14:27)

자기 십자가를 지고 가는 삶이 바로 주님을 따르는 삶이고 자기 십자가를 지고 가는 삶이 제자의 삶입니다. 그러나 예수님의 제자들은 제자로서 마땅히 자신들이 져야 할 이 십자가를 거부하고 도망쳤습니다. 그래서 주님의 십자가는 예수님의 제자들이 아닌 구레네사람 시몬이 지고 가는 영광을 얻게 되었습니다. 사람들은 십자가를 지는 것이 치욕이고 고통이며 부끄러운 일이라고 말합니다. 시몬에게 주어진 그 해프닝은 자신의 인생에 찾아온 생각지 못한 하나님의 은혜였습니다.

이너서클(inner circle)의 은혜

시몬에게 주어진 하나의 해프닝은 시몬에게 주님과의 이너서 클(inner circle)을 형성하는 은혜를 누리게 했습니다.

'이너 서클'이란 조직 내 소수의 핵심 권력 집단을 뜻하는 말입니다. 직장인이든 정치인이든 조직의 구성원이라면 반드시 들어가기를 꿈꾸는 핵심측근 집단입니다. 3년 동안 주님과 함께 했던 제자들마저 떠나가 버린 그 자리에 자신이 원했던 것도 아니지만 구레네 시몬이 그 자리에 서 있었습니다. 그 결과 시몬은 주님과의 이너서클을 형성하는 영광을 누리게 됩니다.

지금 시몬이 지고 가는 그 십자가는 방금 전까지 주님께서 지고 가시던 십자가였습니다. 그 십자가에는 주님의 땀 냄새와 주님의 핏자국이 그대로 남아 있습니다. 시몬은 주님의 가쁜 호흡과 주님의 얼굴을 가장 가까이에서 볼 수 있는 영광을 누렸습니다.

그가 주님의 십자가를 지기 위해 앉았을 때 그는 주님의 머리 위에 씌워져있는 가시 면류관을 보았을 것입니다. 그의 볼에

흐르는 피와 땀, 그리고 각종 상처들을 보았을 것입니다. 그리고 주님과의 눈이 마주치게 되었습니다. 그의 눈빛은 증오와 원망의 눈빛이 아닌 고통 가운데서도 인자와 긍휼의 눈빛이었습니다. 짧은 시간 시몬은 주님과의 신실한 교제를 나누게 되었습니다. 몇 초도 되지 않는 정말 짧은 시간입니다. 그런데 그 짧은 주님과의 교제가 그의 인생을 바꾸어 놓았습니다.

원하지도 않았지만, 억지로 지고 가는 바로 그 십자가 길에 그는 자신의 남은 평생을 바꿀 놀라운 해프닝을 경험하게 되었습니다. 바로 주님의 이너서클이 되는 영광이었습니다. 주님의 이너서클이 된다는 것은 주님과의 신실한 교제를 의미합니다. 십자가를 진다는 것, 그것 자체가 주님의 이너서클이 되는 것을 의미합니다. 십자가의 무게와 고통에만 집중하지 마십시오. 그 무게와 고통에 집중하다보면 주님이 보이지 않을 수 있습니다.

십자가는 주님을 만나는 경험입니다. 십자가는 주님과의 교제의 시간입니다. 십자가를 지기 전까지는 또 한사람의 방관자이며 구경꾼일 뿐이었지만 십자가를 지는 순간 시몬은 이제 더 이상 방관자가 아니었습니다. 주님의 이너서클이 되어 주님의 고통과 아픔, 주님의 눈물과 기쁨에 동참하는 영광을 누리게 되었습니다.

트위터(tweeter)의 법칙

시몬에게 주어진 해프닝은 그로 하여금 주님의 팔로우 (follow)가 되는 은혜를 가져다 주었습니다.

2006년 잭 도르시(Jack Dorsey)에 의해 창립된 이래, 선풍적인 인기를 얻고 있는 트위터(tweeter), 즉 '무료 소셜 네트워킹 및 단문 블로그 서비스' 가 있습니다. 140자 이내 단문 포스트를 자신의 트윗홈에 올리면 그 사람을 따르는 팔로우들에게 그 메시지가 보내지게 됩니다. 팔로우의 글도 자신의 트위터에서 읽어볼 수 있습니다. 요즘에는 '팔로우' 가 많은 사람일수록 트위터 상에서 영향력이 높은 사람으로 평가됩니다.

미국 대통령 버락 오바마의 경우 350만여 명의 팔로우가 있습니다. 오바마가 메시지를 쓰면 전 세계 350만 명에게 10초 내에 전달되는 것입니다. 한 사람의 이야기가 그를 따르는 팔로우들의 입을 통해 수천, 수만, 수십만, 수백만 명에게 전달되는 것입니다. 인터넷이 만들어놓은 커뮤니케이션의 혁명입니다.

그런데 이 트위터의 원리가 바로 사명을 가지고 십자가를 지고 가는 우리가 기억해야 할 신앙의 핵심 원리입니다. 시몬은 주님의 십자가를 지고 가는 순간부터 예수님의 팔로우가 되었습니다.

예수님의 팔로우(Follow)

"사람들이 그를 붙들어 그에게 십자가를 지워 예수를 따르게 하더라" (눅23:26)

그는 예수님의 팔로우(Follow)가 되었습니다. 그는 십자가를 짐으로 예수님의 발자취를 따라가게 되었습니다. 예수님이 앞서 걸어가시고 그는 예수님이 발이 닿았던 바로 그 자리를 밟으면서 한걸음씩 걸어가고 있습니다. 그의 어깨 위에 거룩한 짐을 지고 조금 앞에 가시는 주님을 바라보고 그가 지금 걸어가고 있습니다.

이 십자가를 지기 전까지 그의 삶은 세상의 많은 사람들이 걸어가는 세속적인 길의 팔로우(Follow)였습니다. 자신이 원하는 것, 자신이 추구하는 가치와 필요를 따라 가는 세상의 팔로우였지만, 십자가를 지고 가는 지금, 그는 주님의 팔로우가 되어 주님의 길을 따라가고 있습니다. 십자가를 지는 것은 고통이었지만 시몬은 남들이 가지 않는, 남들이 따라하지 못하는 주님의 팔로우가 되었습니다.

그가 주님의 팔로우가 되었기에 주님의 글을 읽을 수 있었습니다. 주님의 마음과 주님의 생각을 그가 지금 그 십자가를 지고 가면서 발견할 수 있게 되었습니다.

시몬처럼 우리도 주님의 팔로우가 되어야 합니다. 그래야 주님의 말씀을, 주님의 생각을, 주님의 마음을 나의 영적 트위터 위에 올릴 수 있습니다. 그래야 세상의 수많은 사람들이 나를 통해 주님을 경험할 수 있습니다. 이제 우리에게는 주님의 생각과 마음과 말씀을 우리의 팔로우들에게 전달해야 할 사명이 주어졌습니다.

시몬은 주님의 팔로우가 되어 자신이 발견한 은혜와 그 주님의 마음을 자신의 팔로우인 아들 알렉산더와 루포, 그리고 자신의 아내에게 전해 주었습니다. 그랬을 때 아들인 알렉산더와 루포는 초대 교회의 위대한 지도자가 되었고 특별히 로마 교회의 중요한 역할을 감당하는 자가 되었습니다. 그의 아내는 사도 바울이 '루포의 어머니는 곧 내 어머니' (롬16:13)라고 할 만큼 바울을 잘 도와 아름답게 교회를 세워간 믿음의 여인이 되었습니다. 이것이 트위터의 법칙입니다. 우리가 주님의 팔로우가 되어 경험한 주님의 은혜와 주님의 마음을 영적트위터를 통해 당신의 영적 팔로우들에게 전달하십시오. 그럴 때 세상은 우리로 인해 들썩 들썩할 것입니다. 수많은 팔로우들이 여러분을 통해 주님을 만나게 될 것입니다.

사명튜닝의 은혜

십자가를 골고다 언덕까지 힘겹게 지고 올라갔던 시몬은 이제 그 무거운 십자가를 내려놓습니다. 억지로 지고 갔던 십자가였습니다. 정말 고통스럽고 힘겨웠던 십자가였습니다. 그런데 이상한 것은 그 십자가가 자신의 남은 인생을 바꾸어 놓았다는 것입니다. 그가 지고 갔던 십자가 위에 달려 죄 없이 죽으신 메시야의 죽음을 보면서 그는 자신의 인생에 무엇을 해야 하는가를 보았습니다. 그의 사명이 튜닝되는 순간입니다.

십자가를 진 이후 시몬의 삶은 예전처럼 살 수 없었습니다. 더 이상 가치없는 것들을 위해 살아갈 수 없었습니다. 왜냐하면 그는 십자가를 지면서 인생의 참된 의미를 발견했기 때문입니다. 주님과의 짧은 교제를 통해 주님의 팔로우가 되어 그분의 뒤를 따라가면서 그의 삶이 앞으로 무엇을 위해, 어떻게 살아야 할 것인가를 발견하게 되었기 때문입니다.

이왕 우리에게 주어진 십자가라면 달게 지고 가십시오. 어떤 십자가든 무겁고 힘듭니다. 억울하다는 생각이 듭니다. 왜 내가 이 십자가를 져야 하는가 하는 의문도 생깁니다. 그러나 분명한 것은 십자가를 지고 가는 사람은, 억지로든 자의로든 그것을 지고 가는 사람들은 튜닝된 사명자로 이 땅 속에 세워지게 될 것입니다.

하나님이 내게 지워주신 자신의 십자가를 달게 지고 가십시오. 십자가를 지고 가면서 주님의 발자취를 따라가려고 노력하십시오. 십자가를 지고 가면서 주님의 아픔과 상처를 바라보십시오. 그럴 때 우리의 삶은 변해 있을 것입니다. 또한 새로운 사명을 가슴에 품고 남은 인생을 가치있게 쓰임받는 인생이 될 것입니다.

한국 전쟁 당시 한국 전쟁 고아들을 돌보기 위해 시작했던 단체인 컴패션(Compassion International)이라는 단체가 있습니다. 차인표씨를 포함한 많은 연예인들이 활동하고 있고 현재 세계 23개 국의 수십 만의 어린이를 돕는 단체입니다.

미국 시카고에서 사역하고 있던 에버렛 스완슨 목사님이 한국 전쟁 중인 1952년 미군들을 위한 집회를 인도하기 위해 한국에 오게 되었습니다. 집회를 마치고 종로 부근의 한 숙소에서 잠을 자게 되었습니다. 그런데 아침에 일어나 커튼을 열었더니 종로 거리에 눈이 하얗게 쌓인 것을 보게 됩니다. 눈 쌓인 낭만적인 거리를 유리창 너머로 보고 있는데 마침 쓰레기 트럭이 왔고 능숙한 손놀림으로 바쁘게 일하고 있는 몇몇 인부들을 보게 되었습니다.

그들은 걸레뭉치로 보이는 쓰레기들을 발로 툭툭 쳐 보고는 그대로 트럭으로 내던지고 있었습니다. 청소부들이 던져 넣는 쓰레기 가운데 순간적으로 어린이의 팔이 삐죽 튀어 나온 것을 보게 되었습니다. 너무나 놀란 스완슨 목사님은 밖으로 뛰어나가 쓰레기 가운데 어린아이의 손이 있는 것을 보았다고 손짓발짓을 하며 말했지만 통하지 않았습니다. 그래서 어린 아이의 시신을 찾아 보여주기 위해 직접 쓰레기 트럭 위로 올라갔습니다. 트럭 위에 올라갔을 때 그는 엄청난 충격 속에 빠지게 되었습니다. 자세히 보니 그 트럭 위에 가득 실린 것은 쓰레기가 아니라 지난 밤 혹독한 추위와 배고픔을 견디지 못하고 얼어 죽은 전쟁 고아들의 시신이었습니다.

그는 지난 밤 그곳에서 불과 10m도 떨어지지 않은 곳에서 편히 잠을 잤습니다. 그렇게 웅크리고 죽어가는 아이들을 모두 그 방에 모았다면 다 살릴 수 있었을 텐데 자신은 혼자 편하게 그곳에 누워 있었던 것입니다. 너무 가슴이 아파 울고 있는 그에게 하나님의 세미한 음성이 들려왔습니다.

"에버렛, 너는 보느냐? 너는 어떻게 살 것이냐?"

그렇게 시작된 것이 바로 컴패션 사역입니다.

한국 땅에서의 짧은 해프닝이었습니다. 그 짧은 해프닝이 자신의 남은 인생의 삶을 바꾸었습니다. 그로부터 1993년 한국에서 철수하기까지 그 단체로 인해 수많은 전쟁 고아들이 목숨을 건지게 되었고 새로운 삶을 살게 되었습니다.

내게 일어난 해프닝, 내게 주어진 십자가가 우리의 인생을 바꾼 것입니다. 이제 우리도 주목해야 합니다. 내게 일어난 해프닝과 내게 주어진 십자가를 통해 우리의 사명을 새롭게 튜닝하는 것, 그것이 바로 사명지렛대를 지고 세상 속에 걸어가는 크리스천의 삶입니다.

해프닝(Happening) 눅 23:26

해프닝이 가져온 은혜

1. 주님과의 이너서클(inner circle)의 은혜

십자가를 지기 전까지 시몬은 한 사람의 구경꾼일 뿐이었지만 자신에게 주어진 그 십자가를 지는 순간 그는 주님의 이너서클이 되어 주님의 고통과 아픔, 주님의 눈물과 기쁨에 동참하는 영광을 누리게 됩니다. 그 십자가는 자신이 원하는 것도 기꺼이 진 것도 아니지만 십자가를 짐으로서 그는 주님과의 신실한 교제를 하게 되는 은혜를 누리게 되었습니다.

몇 초도 되지 않는 정말 짧은 순간, 주님의 십자가를 대신 지면서 그가 만난 예수님과의 만남이 그의 인생을 바꾸어 놓았습니다. 십자가를 진다는 것 그것 자체가 우리가 주님의 이너서클이 되는 것을 의미합니다. 주님의 가장 가까운 곳에서 주님을 만나고 경험하는 것을 의미합니다.

십자가를 지고 가면서 십자가의 무게와 고통에 집중하지 마십시오. 그 무게와 고통에 집중하다 보면 주님을 주목할 수도 그리고 주님을 경험할 수도 없습니다. 내게 주신 십자가가 나를 주님의 이너서클로 만드셨다는 사실을 기억하고 내게 주어진 십자가를 믿음으로 지고 가야 합니다.

2. 예수님의 팔로우(follow)가 되는 은혜

시몬은 주님의 십자가를 지고 가는 순간부터 그는 주님의 팔로우가 되었습니다. 예수님이 앞서 걸어가시면 그는 그의 어깨 위에 거룩한 짐을 지고 예수님의 발이 닿았던 바로 그 자리를 밟으면서 한걸음씩 걸어가고 있는 것입니다.

이 십자가를 지기 전까지 그의 삶은 세상의 많은 사람들이 걸어가는 길의 팔로우였습니다. 자신이 원하는 것, 자신이 추구하는 가치와 필요를 따라 가는 세상의 팔로우였지만, 지금 십자가를 지고 가는 그는 주님의 팔로우가 되어 주님의 길을 따라가고 있습니다.

트위터에서 누군가의 팔로우가 되는 순간 그의 글을 읽고 내 생각을 나눌 수 있는 것처럼 영적인 트위터에서 우리가 주님의 팔로우가 되는 순간 우리는 주님의 글을 읽을 수 있습니다. 주님의 마음과 주님의 생각을 읽을 수 있게 됩니다.

그러면 나를 통해 내 주변의 사람들, 즉 나의 팔로우들이 주님을 경험할 수 있게 됩니다. 이것이 당신이 십자가를 져야 할 그리고 당신의 삶에 다가온 해프닝을 받아들여야 할 이유입니다.

3. 사명튜닝의 은혜

십자가를 골고다 언덕까지 힘겹게 지고 올라갔던 시몬은 이제 그 무거운 십자가를 내려놓습니다. 억지로 지고 갔던 십자가였습니다. 정말 고통스럽고 힘겨웠던 십자가였습니다. 그런데 그 무거웠던 십자가가 자신의 남은 인생을 바꾸어 놓았습니다.

십자가를 지고 갔던 시몬의 삶은 예전처럼 살 수 없었습니다. 더 이상 가치없는 것들을 위해 살아갈 수 없었습니다. 왜냐하면 그는 십자가를 지면서 인생의 참된 의미를 발견했기 때문입니다. 자신의 사명이 튜닝되었기 때문입니다.

주님과의 짧은 교제를 통해 주님의 팔로우가 되어 그분의 뒤를 따라가면서 그의 삶이 앞으로 무엇을 위해 어떻게 살아야 할 것인가를 발견하게 되었습니다.

이왕 우리에게 주어진 십자가라면 달게 지고 가십시오. 그럴 때 우리의 삶은 십자가의 흔적으로 인해 변해져 있을 것입니다. 또한 새로운 사명을 가슴에 품고 남은 인생 주예수를 위해 쓰임받는 인생이 될 것입니다.

〈파인애플〉의 의미

〈파인애플스토리〉라는 책이 있습니다.

이 책은 한 선교사가 네덜란드령 뉴기니아에서 7년에 걸쳐 일어났던 실화를 바탕으로 쓴 책입니다. 이 선교사는 병원을 세우고 상점을 열어 찾아오는 원주민들에게 하나님의 말씀을 전파하는 사역을 하고 있었습니다. 어느 날 그는 파인애플을 이 섬에 들여오기로 결심하고 파인애플 묘목을 얻어다 원주민 한 사람을 고용해서 이 묘목을 모두 심게 하였습니다.

3년 후 파인애플이 열매를 맺을 시기가 되어서 기대하고 파인애플 나무 앞에 가보았지만 열매를 얻을 수가 없었습니다. 원주민들이 그 열매를 다 훔쳐갔기 때문입니다. 선교사는 화가 났습니다. 그래서 파인애플을 다시 한 번 훔쳐 가면 무료로 제공되던 약과 의료 행위를 멈추겠다고 했지만 소용이 없었습니다.

그래서 그들의 나쁜 버릇을 고치기 위해 선교사는 병원 문을 닫아 버렸습니다. 그러자 병든 아이들이 치료를 받지 못해서 병이 점점 더 깊어져 갔습니다. 사람들이 독한 폐렴으로 기침을 심하게 했으며, 약을 달라고 간청했습니다. 그러나 선교사는 거절합니다.

"당신들이 우리의 파인애플 열매를 훔쳤던 일을 생각해보라"고 말합니다. 그러나 그들의 병이 점점 심해졌고, 매일 와서 간청하기에 어쩔 수 없이 선교사는 다시 병원 문을 열었습니다.

그러자 또 다시 파인애플을 훔쳐 갔습니다. 선교사는 화가 치밀어 올랐습니다. 그런데 그를 더 화나게 만든 것은 그 파인애플의 도둑이 다름 아닌 묘목을 심었던 사람이라는 것을 알게 되었을 때였습니다.

그 원주민은 말합니다.

"내 손으로 그것을 심었으니 내가 그것을 먹는 것이 당연합니다. 이것이 정글의 법칙입니다.”

선교사는 그에게 그 밭의 절반을 줄 테니 자신의 것은 따가지 말라고 말했지만 소용이 없었습니다. 이 파인애플 나무 전부를 주겠다고 말해도 그의 태도는 변함이 없었습니다.

그래서 그 선교사는 모든 파인애플 묘목을 다 뽑아내고 다시 파인애플 묘목을 심었습니다. 그리고 3년을 기다렸습니다. 하지만 이번에도 그 파인애플 열매를 모두 도둑 맞고 말았습니다. 그는 참을 수 없었습니다. 주민들을 위해 열어놓았던 상점 문을 닫아버렸습니다. 사나운 개를 풀어놓아 파인애플을 지키려 했습니다. 그러나 아무런 소용이 없어 점점 그의 신음은 깊어만 갔습니다.

그 후 안식년이 되어 자신의 고국으로 돌아와 한 세미나에 참석하게 되었습니다.

“주라 그리하면 너희에게 줄 것이니 곧 후히 되어 누르고 흔들어 넘치도록 하여 너희에게 안겨 주리라 너희가 헤아리는 그 헤아림

으로 너희도 헤아림을 도로 받을 것이니라"(눅6:38)

이 성경 말씀을 듣고 선교사는 깊은 깨달음을 가지게 되었습니다. 그리고 다시 선교지로 돌아왔을 때 그는 파인애플 밭을 하나님께 드렸습니다. 그 뒤로도 여전히 파인애플은 없어졌습니다. 그러나 이제는 그들에게 화를 내지 않았습니다.

어느 날 원주민들이 선교사를 찾아 와서 말합니다.

"당신은 이제 비로소 그리스도인이 되었나 봅니다. 이젠 우리가 파인애플 열매를 훔쳐도 더 이상 당신이 화를 내지 않으니 말입니다."

그때 그 선교사는 말합니다.

"이제 내가 화를 낼 이유가 없습니다. 나는 그 밭을 누군가에게 드렸기 때문입니다. 이젠 내 것이 아니기 때문에 당신들이 그 열매를 가져간들 화를 낼 이유가 없게 되었습니다."

그 원주민들이 더 궁금해져서 묻습니다.

"이 파인애플 밭을 누구에게 주었습니까?"

그들은 자기들끼리 서로 돌아보며 물었습니다.

"이 분이 너에게 주었니? 아니면 너야?"

"도대체 누구에게 주었을까?"

"그러면 우리는 누구의 파인애플을 도둑질하고 있는 거지?"

그때 선교사가 말합니다.

"나는 이 파인애플 밭을 하나님께 드렸습니다."

그때 그들은 서로 말하기 시작했습니다.

"우리가 하나님의 파인애플을 도둑질하고 있었어?"

그들은 말을 이었습니다.

"그것 때문에 우리가 돼지 사냥을 나가서 허탕치는 것 아닌가."

"아이들이 병드는 것도, 아내가 아이를 못 낳는 것도, 고기가 잡히지 않는 것도 바로 그것 때문인가?"

그러면서 그들은 말을 이었습니다.

"파인애플 밭이 하나님의 것이라면 더 이상 훔치지 말아야 해."

그들은 하나님을 정말로 두려워하기 시작했습니다.

그 후 파인애플 열매가 익어갔습니다. 원주민들은 찾아 와서 이렇게 말했습니다.

"당신의 파인애플 열매가 익었습니다."

선교사는 대답합니다.

"그것은 내 것이 아닙니다. 하나님의 것입니다."

"하지만 그냥 두면 썩게 될 것입니다. 당신이 거둬들이는 것이 나을 것입니다."

그래서 선교사는 익은 열매들을 땄고, 원주민들에게도 나누어 주었습니다. 모든 것을 하나님께 드리고 나니 그렇게 고대하던 일이 너무나 쉽게 이루어졌습니다.

아름다운 결말의 이야기이지만 생각해볼 과제가 있습니다. 그것은 '파인애플'의 의미입니다. 과연 파인애플이 무엇이었기에 선교사인 그가 그렇게 집착할 수밖에 없었을까요?

그는 하나님이 주신 사명 때문에 그 곳에 병원과 상점을 세우고 원주민들에게 복음을 전했습니다. 그런데 파인애플 때문에 그는 병원 문을 닫았고 상점 문을 닫아 버렸습니다. 아마도 선교사는 원주민들에게 그 파인애플 열매를 맛보게 해주고 싶

었고, 그들에게 새로운 소득의 근원을 만들어주고 싶었는지도
모르겠습니다. 그는 그 파인애플을 통해 원주민들과 친해지고
그들에게 복음을 전하고 싶은 통로로 사용하고 싶은 마음도
가졌을 것입니다.

그러나 그가 파인애플에 집착하는 순간, 그의 의도와 목적은
뒤로 사라지고 파인애플을 먹겠다는 집착만 남게 되었습니다.
이것이 바로 그림자 사명입니다.

그림자 사명은 하나님이 우리에게 주신 사명과 함께 따라다
니는 부산물 가운데 하나입니다. 파인애플을 통해 복음을 전하
고 원주민들에게 새로운 소득의 근원을 제공하려는 것이 만약
사명이라면, 그 파인애플을 내가 소유하고 그 열매의 풍성함과
달콤함을 내가 얻으려는 생각이 바로 그림자 사명입니다.

사명은 하나님이 보내시는 곳, 즉 내가 아닌 누군가를 향해
달려가는 것이지만 그림자 사명은 자신이 얻을 유익과 자신이
누릴 기득권에 국한됩니다.

에스더의 그림자 사명

에스더서에도 이러한 사명과 그림자 사명에 대한 부분이 등장합니다. 하만이라는 사람의 모략으로 전국에 있는 유대인들이 다 죽을 위기에 처하게 되었습니다. 하만이 유대인들을 죽여도 좋다는 왕의 조서를 받아냈기 때문입니다. 이를 알게 된 모르드개가 왕의 아내인 에스더에게 그 조서의 초본을 주고 왕에게 나가서 자기 민족을 위하여 부탁해 주기를 요구합니다. 그때 에스더가 모르드개에게 대답합니다.

"에스더가 하닥에게 이르되 너는 모르드개에게 전하기를 왕의 신하들과 왕의 각 지방 백성이 다 알거니와 남녀를 막론하고 부름을 받지 아니하고 안뜰에 들어가서 왕에게 나가면 오직 죽이는 법이요 왕이 그 자에게 금 규를 내밀어야 살 것이라 이제 내가 부름을 입어 왕에게 나가지 못한 지가 이미 삼십 일이라 하라 하니라"(에4:10-11)

부름받지 않은 채 왕에게 나가면 죽게 되는데 자신이 왕에게 나가지 못한 지가 30일이나 되어 자신은 그 일을 할 수 없다고 통보합니다.

여기서 우리는 진지하게 물어야 합니다.

'에스더의 사명은 무엇입니까?'

'다시말해 하나님께서 에스더에게 주신 사명이 무엇입니까?'

'왕후의 자리가 사명입니까?'

우리의 착각은 늘 거기에서 시작됩니다.

우리는 내가 지금 누리고 있는 어떤 자리가 우리의 사명의 자리라고 생각합니다. 그러나 불행히도 아닙니다. 에스더의 사명은 '왕후의 자리'가 아니라 '그 자리에서 그녀가 해야 할 일', 그것이 바로 에스더의 사명입니다.

하나님께서 에스더를 왕후의 자리에 올리신 목적은 '유대인의 놓임과 구원을 위한 것'(14절)이었습니다. 그 사실을 모르드개가 다시 알려줍니다. 즉 하나님께서 백성들의 놓임과 구원을 위한 사명을 주시기 위해 에스더를 바로 그 로얄 포지션(Royal position)에 올리셨습니다.

"모르드개가 그를 시켜 에스더에게 회답하되 너는 왕궁에 있으니 모든 유다인 중에 홀로 목숨을 건지리라 생각하지 말라 이 때에 네가 만일 잠잠하여 말이 없으면 유다인은 다른 데로 말미암아 놓임과 구원을 얻으려니와 너와 네 아버지 집은 멸망하리라 네가 왕후의 자리를 얻은 것이 이 때를 위함이 아닌지 누가 알겠느냐 하니"(에4:13-14)

기억하십시오. 내가 지금 서있는 나의 자리, 나의 포지션은 하나님이 나에게 맡기시는 사명의 자리입니다. 그 자리에서 우리는 하나님의 음성을 들어야 합니다.

모르드개가 에스더에게 하나님의 음성을 들려줍니다. 그러나 에스더는 하나님이 주신 사명보다는 그림자 사명에 붙들려 있었습니다. 에스더가 지금 붙들고 있는 그림자 사명은 '왕후의 자리' 입니다. 그 왕후의 자리를 보존하기 위해 사명을 거절하려는 것입니다.

어떻게 보면 부모도 없이 삼촌의 손에 의해 자란 에스더의 입장에서는 이 왕후의 자리가 자신의 그동안의 고생과 아픔에 대한 보상의 자리였습니다. 또한 그 왕후의 자리가 주는 안락함과 영광을 좀 더 누리고 싶었을 것입니다.

생각해 보면 자신에게 주어진 왕후의 자리를 지키는 것이 자신의 가족들을 보호할 수 있고, 왕후의 자리를 지켜야만 자신의 미래가 보장되고, 더 나아가 자신의 삼촌 모르드개를 지켜 줄 수 있다고 믿었는지도 모르겠습니다. 그래서 왕의 부름 없이 왕에게 나아가는 무모함보다는 실리와 살길을 찾겠다는 결정을 하게 된 것입니다.

에스더는 알았습니다. 전임 왕후인 와스디가 왕의 말을 거부함으로 폐위가 되었고 만약 자신에게도 그러한 위기가 올 수 있다는 두려움을 가지고 있었습니다. 틀린 말은 하나도 없습니다. 모두가 이해되고 어느 정도 맞는 말입니다.

사명과 그림자 사명

〈그림자 사명을 극복하라〉는 책을 쓴 존 오트버그 목사님의 말처럼 그림자 사명은 본래의 사명과 아주 유사합니다. 그림자 사명은 우리를 본래의 사명에서 5도에서 10도 정도만 벗어나게 만듭니다. 따라서 그림자 사명을 받아들이는 데 큰 부담감이 없습니다. 그래서 그림자 사명을 우리는 '치명적인 유혹'이라고 부를 수밖에 없습니다.

그림자 사명은 본래의 사명이 변질된 것입니다. '그림자 사명'은 하나님께서 주신 사명이 아니라 자기 중심적으로 빗나가버린 사명입니다. 하나님의 목적보다는 자신이 누리는 영광과 열매에 집중하는 삶입니다.

예를 들어 교회 부흥과 성장은 모든 목사들에게 중요한 사명처럼 보입니다. 어떤 교회의 사명 선언문을 보면 1,000명의 성도, 혹은 10,000명의 성도의 비전을 품고 그러한 성장을 사명으로 생각하고 성도들을 격려하고 기도하는 모습을 보게 됩니다. 그러나 그것이 바로 그림자 사명입니다. 그것이 교회의 본질이 아니기 때문입니다.

왜 교회가 성장해야 하는지, 교회 성장에 대한 분명한 하나님의 목적도 없이, 교세를 과시하고 자신의 능력을 과시하기 위한 교회 성장은 그림자 사명입니다. 그럴 듯 해 보입니다. 틀린 것도 아닌 것 같습니다. 그러나 교회 성장은 교회의 본질, 사명이 아닙니다.

교회의 사명은 영혼 구원입니다. 영혼 구원과 교회 성장은 같은 것 같지만 다른 것입니다. 영혼 구원이 교회의 본질적인 사명이라면 그 영혼 구원의 그림자 사명이 바로 교회 성장입니다. 영혼 구원에 집중하면 교회 성장이라는 그림자가 따라오지만 교회 성장이라는 그림자를 붙들게 되면 영혼 구원은 사라지게 되는 것입니다. 세상적인 타협과 타락의 길을 교회가 걸어가게 되는 것입니다.

변질된 그림자 사명을 극복해야 합니다. 우리가 걸어가는 사명 길에 언제나 따라붙는 것이 그림자 사명입니다. 피하는 것이 쉽지 않습니다. 그러나 반드시 기억해야 할 것은 그림자 사명을 붙들고 살아간다고 우리의 생명이 보호되는 것이 아니라는 것입니다. 모르드개가 말합니다.

"너는 왕궁에 있으니 모든 유다인 중에 홀로 목숨을 건지리라 생각하지 말라"(에4:13)

왕궁에 있다고, 왕후의 자리를 붙든다고 사는 것이 아니라는 말입니다.

"이 때에 네가 만일 잠잠하여 말이 없으면 유다인은 다른 데로 말미암아 놓임과 구원을 얻는다"(에4:14)

다른 데로 말미암는다는 것은, 에스더가 더 이상 사명을 감당할 수 없음을 말하는 것입니다. 우리는 생각합니다. '내가 이 일을 하지 않으면 그 일이 절대 안 될 것이라' 고 생각하지만 하나님의 생각은 다릅니다. 내가 사명을 감당하지 않으면 하나님은 다른 사람들을 통해서라도 그 일을 하실 수 있습니다.

하나님은 사명 때문에 우리를 그 자리에 올리셨는데 그 사명을 거부하고 그 사명을 감당하지 않는다면 결국은 다른 사람이 그 사명을 감당하게 되고 14절 후반의 말씀처럼 너와 네 아버지의 집은 멸망하게 되는 것입니다.

그림자 사명의 특징

그림자 사명을 붙들게 되면 -

⑴ 절대 혼자 안전하지 못합니다(13절).

⑵ 하나님의 구원은 다른 사람을 통해 일어나게 됩니다(14절). 즉 사명을 상실하게 됩니다.

⑶ 하나님이 내게 주신 그 자리(왕후의 자리)를 잃어버리게 됩니다. 사명을 잃어버린 우리를 하나님께서 그 자리에 두실 이유가 없기 때문입니다.

지금 우리의 삶이 하나님이 주신 사명보다 그림자 사명에 붙들려 있지 않으십니까? 사명과 그림자 사명을 혼동하고 계시지 않으십니까? 에스더처럼 왜 나를 하나님께서 이 자리에 세우셨는지를 알지 못한 채 그 자리를 잃지 않기 위해, 그 자리를 붙들기 위해 살아가고 계십니까?

지금 당신의 자리는 하나님이 주시는 사명의 자리입니다. 그림자 사명은 당신의 사명을 잃어버리게 만듭니다.

그때 에스더가 깨닫습니다. 그리고 결심하게 됩니다.

"에스더가 모르드개에게 회답하여 이르되 당신은 가서 수산에 있는 유다인을 다 모으고 나를 위하여 금식하되 밤낮 삼 일을 먹지도 말고 마시지도 마소서 나도 나의 시녀와 더불어 이렇게 금식한 후에 규례를 어기고 왕에게 나아가리니 죽으면 죽으리이다 하니라"(에4:15-16)

규례와 무리수

우리가 그림자 사명에 묶이는 이유가 무엇인지 아십니까? 우리를 둘러싸고 있는 규례 때문입니다. 왕의 신하들과 각 지방 백성들이 다 알고 있는 이야기입니다. 그것이 규례입니다. 그 규례는 '왕에게 부름받지 않고 왕에게 나아가면 죽는다는 것' 입니다. 그 규례에 묶여 우리는 우리에게 주어진 사명을 감당하지 못합니다.

세상의 방식, 세상의 기준, 세상의 생각이라는 규례는 우리를 묶어버립니다. 그래서 우리는 그 규례로 인해 사명보다는 그림자 사명을 붙들게 됩니다.

에스더 입장에서는 무리하게 무리수를 두기보다는, 편안하고 안전한 길을 선택합니다. 왕후의 자리를 붙들었을 때 주어지는 힘과 영광을 잃어버리기를 원치 않았습니다. 그러나 에스더가 그림자 사명을 버리고 하나님이 자신에게 주신 본래의 사명, 하나님께서 자신을 왕후의 자리에 올리신 목적을 보게 되니 그는 자신을 묶고 있던 세상적인 규례를 깨뜨릴 수 있는 담대함이 생겼습니다.

사명을 감당하기 위해 제일 먼저 해야 할 것이 바로 나를 둘러싸고 있는 세상적인 규례를 깨뜨리는 것입니다. 사람들이 규정해 놓은 그 규례를 깨뜨려야 우리는 왕의 앞에 나갈 수 있습니다. 문제는 다른 사람들이 아니라 내가 그 규례를 두려워하고 내가 그 규례가 주는 중압감에 주눅 들어 있는 것입니다.

혹시 그림자놀이를 해보신 적이 있으십니까?

낮에 태양을 향해 서게 되면 그림자는 우리 뒤로 드리우게 됩니다. 그러나 밤이 되어 태양이 사라지고 어둠이 드리우게 되면 그림자가 우리 앞에 놓이게 됩니다.

다시 말해 우리가 낮에 태양을 향해 걸어갈 때 우리의 그림자가 우리 뒤에 있는 것처럼 우리가 태양과 같은 하나님의 사명을 향해 걸어갈 때 우리의 그림자 사명은 그림자처럼 우리의 뒤에 위치합니다. 그 그림자 사명이 우리의 삶에 큰 영향을 주지 못합니다.

그러나 우리의 삶에 어둠이 찾아오고 우리의 사명이 우리 뒤로 가버리면 그림자가 그것도 아주 크고 긴 그림자가 우리의 삶을 뒤엎게 됩니다. 그러면 우리의 삶은 그 그림자를 바라보고 그 그림자를 두려워하며, 그 그림자의 실루엣을 붙들기 위해 살아가는 그림자 인생이 되고 맙니다. 주변을 돌아보면 수많은 사람들이 잡을 수도 없는 그림자를 붙들고 그 그림자의 그늘 아래 살아가고 있습니다.

태양을 마주보고 서라

그렇다면 그림자 사명을 극복할 수 있는 방법이 무엇일까요? 그것은 태양을 마주보고 서는 것입니다. 그래야만 그림자가 우리 뒤로 사라집니다. 그래야 그림자를 보고 걸어가지 않습니다. 하나님이 내게 주신 사명에 직면하십시오. 아무리 세상의 규례가 강하고 두렵다고 그것 때문에 그림자 뒤로 숨지 마십시오. 죽을 것 같으십니까? 내가 사명을 붙들고 하나님 바라보고 나아가면 나의 자리를 잃을 것 같으십니까?

기억하십시오. 에스더가 사명을 위해 세상의 규례를 깨뜨렸을 때 죽음이 다가온 것이 아니라 왕의 마음을 움직인 것을 말입니다. 지금 내가 서있는 자리는 하나님이 주시는 사명의 자리입니다. 태양을 마주보고 걸어가십시오. 그러면 하나님이 주시는 성공과 힘과 영광이라는 그림자가 따라오게 됩니다.

그러나 반대로 그림자를 붙들고 살게 되면 우리는 하나님께 쓰임 받을 수 없습니다. 다른 데로 말미암아 하나님의 구원과 놓임이 일어나게 될 것입니다. 하나님이 내게 주신 그 자리마저도 잃어버리게 될 것입니다. 그러므로 하나님이 내게 주신 사명을 기억하고 그 사명을 향해 달려가십시오.

그림자 사명은 늘 언제나 우리 뒤에 있습니다. 우리가 조금만 방심하면 그림자 사명과 사명의 위치가 뒤바뀌게 된다는 것을 기억하십시오.

그림자 사명 에스더 4:8-17

하나님께서 에스더를 왕후의 자리에 올리신 이유는 그녀가 그 자리에서 해야 할 일이 있기 때문입니다. 그것은 유대인의 놓임과 구원을 위한 것입니다. 하나님께서 우리를 어떤 자리에 올리시는 이유는 우리가 해야 할 사명이 있기 때문입니다. 그러므로 지금 내가 서있는 자리는 하나님이 주신 사명의 자리라는 것을 기억해야 합니다.

1. 사명과 그림자사명

〈그림자 사명을 극복하라〉는 책을 쓴 존 오트버그 목사님의 말처럼 그림자사명은 본래의 사명과 아주 유사합니다. 그림자사명은 우리를 본래의 사명에서 5도에서 10도 정도만 벗어나게 만듭니다. 그래서 우리는 큰 부담없이 그림자사명을 받아들이게 됩니다. 그러나 그림자사명은 본래의 사명이 변질된 것입니다. 그림자 사명은 하나님께서 주신 사명이 아니라 자기 중심적으로 빗나가 버린 사명을 말합니다. 하나님의 목적보다는 자신이 누리는 영광과 열매에 집중하는 삶입니다. 에스더는 지금 하나님이 주신 사명보다는 그림자사명에 붙들려 있습니다. 에스더가 지금 붙들고 있는 그림자사명은 왕후의 자리입니다. 왕후의 자리가 주는 여러 가지 영광과 혜택을 누리려고 하는 것입니다. 1) 어떻게 보면 부모도 없이 삼촌의 손에 의해 자란 에스더의 입장에서는 이 왕후의 자리가 자신의 그동안의 고생과 아픔에 대한 보상의 자리였습니다. 2) 그 왕후의 자리가 주는 안락함과 영광을 잃고 싶지 않았을 것입니다. 또 왕후의 자리를 지키는 것이 3) 자신의 가족들을 보호할 수 있고, 4) 자신을 지금까지 친딸처럼 돌보아 준 삼촌 모르드개를 지켜줄 수 있다고 생각했을 것입니다. 그래서 왕의 부름없이 왕에게 나아가는 무모함보다는 실리와 살길을 찾겠다고 결심을 한 것입니다.

2. 태양을 마주보고 서라

그러나 그림자사명을 붙들면 나 자신은 안전할 것이라고 믿지만 현실은 그렇지 않습니다. 더 문제는 우리가 그림자사명을 붙들게 되면 하나님께서 다른 데로 말미암아 구원과 놓임 즉 하나님의 사명을 다른 누군가를 통해 이루신다는 것입니다. 그 것은 결국 내가 소중히 여기고, 내가 집착하는 그 자리를 거두어 가신다는 것을 의미합니다. 왜냐하면 사명을 잃어버린 자를 하나님께서 그 자리에 두실 이유가 없기 때문입니다. 그러므로 그림자사명을 극복하십시오. 그러기 위해서는 태양을 마주 보고 서야 합니다. 낮에 태양을 마주보고 서면 그림자가 우리가 진행하는 뒤편에 생겨 우리의 삶에 큰 영향을 미치지 못합니다. 그러나 태양이 사라지고 어둠이 오게 되면 그림자가 우리앞에 생겨나게 되고 그림자의 영향력에 붙들릴 수밖에 없습니다. 그 러므로 그림자사명을 극복하기 위해 사명이라는 태양을 향해 걸어가야 합니다.

3. 세상적인 규례를 깨뜨리라

에스더처럼 세상적인 규례를 깨뜨리십시오. 우리가 그림자사 명에 묶이는 이유는 우리를 둘러싸고 있는 세상적인 규례 때문 입니다. 그 세상적인 규례가 우리를 결단하지 못하게 하고 두려움속에 빠지게 만듭니다. 그러나 우리가 믿음으로 결단하고 세상의 규례를 깨뜨렸을 때 우리를 향해 죽음의 공포가 다가올 것 같지만, 하나님께서는 왕의 마음을 움직여 우리의 소원을 만족하게 하십니다. 사명과 함께 늘 우리의 삶에 따라오는 그림자 사명의 유혹을 이겨내십시오. 내가 서 있는 바로 그 자리가 사명의 자리임을 기억하고, 자리를 붙들지 말고 하나님이 나에게 주시는 사명을 온전히 감당하십시오.

6. 천국 국가대표 마10:1-10

국가대표의 자부심

얼마 전 국가대표들을 다루는 영화들이 몇 편 제작되어 화제가 된 적이 있었습니다. 800만 관객달성의 기록을 쓴 스키점프 국가대표들의 이야기를 다룬 영화 "국가대표"부터 430만 관객의 핸드볼 국가대표 우생순(우리 생애 최고의 순간), 그리고 흥행에는 그렇게 성공하지 못했지만 감동적인 역도 이야기를 다룬 "킹콩을 들다"까지 국가대표들의 삶과 그들의 도전을 다룬 감동적인 영화들입니다.

영화 "우리 생애 최고의 순간"(우생순)은 스포츠 영화로는 처음으로 관객 430만을 들인 흥행 영화입니다. 핸드볼 여자 대표팀은 바르셀로나 올림픽에 금메달을 땄지만 국내에서는 여전히 비인기 종목의 설움을 받습니다.

선수들의 소속팀이 해체되고 팍팍한 인생을 살아가던 30대들이 다시 국가대표로 소집됩니다.

영화의 하이라이트는 덴마크와의 결승전입니다. 지고 있던 경기가 마지막에 극적인 동점으로 연장에 들어갑니다. 연장에서도 동점을 이루어 마지막 승부 던지기를 남겨 두고 있을 때 감독은 선수들에게 이렇게 말합니다.

"오늘 여러분들은 너무 훌륭한 경기를 해주었습니다. 오늘은 우리 생애 최고의 순간입니다."

국가대표로 부름받은 선수들은 매일의 삶을 '우리 생애 최고의 순간'으로 만들기 위해 달려가는 자들입니다. 그들의 승부가 국가의 승리가 되기도 하고 국가의 패배가 되기도 합니다. 다시 말해 국가대표는 그 나라의 명예와 이름을 걸고 달리는 사람들입니다. 그래서 국가대표는 자부심이 있습니다.

적합성

이런 이야기가 있습니다.

예수님께서 열두 명의 제자를 세관에서, 강가에서 그리고 여러 곳에서 선발합니다. 예수님은 자신과 함께 복음사역을 감당할 열두 제자의 이력서를 들고 유명한 컨설팅 회사를 찾아가 자문을 구합니다.

"복음 사업의 동업자들입니다. 중역으로 일할 만한 자격들이 있는지 경영 진단을 좀 해 주십시오."

연구 소장은 열두 제자의 이력서와 적성 검사표를 컴퓨터에 입력시킵니다. 예수님은 인물분석 과정을 곁에서 초조하게 지켜보고 있습니다. 몇 시간 후 연구 소장이 컴퓨터에서 출력된 프린트를 들고 나옵니다.

"한마디로 함량 미달입니다. 학력이 너무 형편없어요. 이런 맨파워로 어떻게 복음 사업을 하겠다는 말입니까? 하마터면 큰일 날 뻔했습니다. 복음 사업에 성공하려면 사람부터 바꾸십시오."

연구 소장은 금테 안경을 추켜올리며 분석 자료를 예수님께 건네줍니다. 그 곳에는 열두 제자에 대한 인물 분석이 이렇게 기록돼 있습니다.

마태 세무 공무원 출신. 사회 평판 매우 나쁨.

요한 지독한 이기주의자. 협동심 없음.

도마 매사에 부정적 인물. 남의 말을 절대 믿지 않는 성격.

안드레 지도력과 창조력이 없는 무능력자.

베드로 과격하고 덤벙대는 성격. 정서불안.

야고보 요주의 인물. 사상 검증 필요.

컴퓨터가 분석한 제자들의 능력은 형편없었습니다. 그때 연구소장이 한 가지를 깜빡 잊었다며 예수님께 다가옵니다.

"열두 명의 동업자 중 쓸 만한 사람이 딱 하나 있어요. 그는 해박한 학문과 특출한 사교력을 갖고 있더군요. 현실 감각도 탁월합니다. 이재(理財)에 밝고 변화에 능동적으로 대처하는 인물이지요. 그 사람의 이름은 가룟 유다입니다."

주님께서도 천국 국가대표를 선발하시기 위해 갈릴리로 찾아 가셨습니다. 그리고 주님께서 만드시는 그 나라를 함께 만들어갈 12명의 선수들을 선발하셨습니다. 주님께서 선발하신 그들은 사회적으로 인정받던 엘리트 집단을 뽑은 것이 아니었습니다. 그렇다고 사회적인 힘을 가진 명문가(名文家)에서 선발한 것도 아니었습니다.

그들 모두는 능력이나 외모, 사회적인 위치로 볼 때는 천국 국가대표가 될 만한 자격을 전혀 가지고 있지 않았습니다.

주님께서 왜 그들을 선발하셨을까요?

그것은 '적합성' 때문입니다.

주님께서 만들어 가실 바로 그 나라를 위해 적합한 사람들이었기 때문에 주님은 그들을 제자로, 천국 국가대표로 세우셨습니다. 주님의 기준은 그들의 현재가 아닌 그들의 잠재력과 가능성이었습니다. 그들이 만들어 나갈 하나님나라를 보셨습니다. 그래서 주님은 12명의 제자들을 천국 국가대표로 발탁한 것입니다.

Calling (콜링)

800만 관객동원으로 흥행몰이에 성공한 〈국가대표〉라는 영화가 있습니다. 비인기 종목인 스키점프 국가대표팀에 대한 이야기를 다룬 감동적인 영화입니다.

본래 영화 속에서 스키점프팀이 창단된 목적은 1996년 전라북도 무주, 동계올림픽 유치를 위해 스키점프 국가대표팀이 급조되었습니다. 그런데 국가대표로 모인 사람들을 보면 친엄마를 찾아 한국에 온 입양인, 여자 없으면 하루도 못 버틸 나이트클럽 웨이터, 밤낮으로 숯불만 피우며 아버지가 시키는 대로 살아온 고기 집 아들, 그리고 할머니와 동생을 돌봐야 하는 짐이 버거운 말 없는 소년 가장 등이었습니다. 그들은 한 나라를 대표할 국가대표가 될 자격이 전혀 없었지만, 그들은 국가의 부름을 받고 국가대표의 모습을 조금씩 갖추어가게 됩니다.

어쩌면 우리의 모습도 이들의 모습처럼 전혀 주님 나라의 국가대표가 될 만한 자격이 없지만 주님의 부르심을 받고 천국 국가대표가 되기 위한 자격을 갖추어가는 과정 속에 있습니다. 주님의 제자들을 보십시오. 고기잡는 어부가, 돈이나 거두던 세리가 하나님 나라를 위해 어떻게 쓰임 받을 수 있습니까? 그런데 주님은 그들을 국가대표로 삼으시고, 그들을 훈련해 나가시며, 주님 나라의 밑그림을 보여주시며, 하나님 나라를 세워 가십니다.

그런데 주님의 부르심을 믿고, 주님을 따르기 시작하는 순간 그들의 삶에 놀라운 일이 일어났습니다.

마태복음 7장까지 제자들의 주된 일상은 예수님의 말씀을 듣고 '제자도 입문의 시간'을 가지는 것이었습니다.

그리고 마태복음 8장부터 9장까지 나병환자, 중풍병자, 베드로 장모의 열병, 바다와 풍랑을 잠잠케 하시고, 귀신들린 자를 고치시고, 혈루증과 소경, 벙어리를 고치시는 놀라운 기적들을 직접 보면서 '간접 학습'을 하게 됩니다.

그리고 마태복음 10장, 누가복음 10장에 제자들이 지금까지 배운 것을 실습하는 '전도여행'을 떠나게 됩니다. 그리고 그들이 돌아와서 보고합니다.

"주여 주의 이름이면 귀신들도 우리에게 항복하더이다"(눅10:17)

내가 무엇을 할 수 있어 부름받은 것이 아닙니다. 나는 능력이 없지만 부르심에 순종했기에 주님께서 나를 훈련시키셔서 천국 국가대표로 세우시는 것입니다. 내가 아주 열심이 특심해서 나를 부르신 것이 아닙니다. 부르심을 받으면 열심이 생기는 것입니다.

우리는 늘 착각합니다. 내가 무엇을 할 수 있는 능력이 있을 때 주님께 헌신할 것이라고 말합니다. 그러나 주님은 우리가 무엇인가를 할 수 있다고 생각할 때 우리를 쓰시지 않습니다.

기드온이 미디안과의 전쟁을 위해 군사를 모집할 때 32,000명이 지원합니다. 그때 기드온은 지원한 사람들을 다 보내고 그중에서 300명만 뽑습니다. 그리고 그 300명의 국가대표를 통해 수만의 미디안 군대를 이기는 기적을 보여줍니다.

하나님의 계획은 이스라엘 가운데 분명히 하나님의 능력을 보여주는 것입니다. 군대의 능력으로 이기는 것이 아닌 하나님의 능력으로 이긴다는 것을 보여주기를 원하십니다. 나를 내려놓고 주님의 부르심에 순종하면 우리는 주님께서 주시는 힘을 공급받을 수 있습니다. 이것이 천국 국가대표들이 가져야 할 자세입니다.

〈Impossible〉과 〈I'm possible〉

천국 국가대표로 부름 받은 사람들은 생각의 전환이 필요합니다.

영어로 '캔(can)'은 '깡통'이란 뜻입니다. 그러나 이 캔(can)은 동사로 '할 수 있다'는 뜻도 가지고 있습니다. '할 수 있다'고 생각하는 사람은 어떤 장애물이 와도 포기하지 않지만 '할 수 없다'고 생각하는 사람은 이미 속으로 어떤 일도 할 수 없다고 포기해버렸기 때문에 아무것도 하지 못하는 '빈 깡통' 같은 사람이 되고 맙니다.

임파서블(Impossible)이라는 단어가 있습니다.

'불가능하다'는 의미입니다. 그러나 이 단어를 자세히 한 번 들여다보십시오.

'I' m possible' 이라는 말로 보이십니까?

분명히 어떤 사람의 눈에는 불가능을 의미하는 임파서블(Impossible)로 보였지만 어떤 사람의 눈에는 '나는 가능하다(I' m possible.)' 는 뜻을 가진 문장으로 바뀌어 있지 않습니까?

'Impossible'이라는 단어는 많은 사람들에게는 전혀 불가능한 것처럼 보일지 모르나, 믿음으로 살아가는 우리에게는 얼마든지 '나는 가능하다' 고 볼 수 있습니다.

하나님은 우리를 천국 대표선수로 부르셨습니다. 나 자신을 캔(CAN) 즉 빈 깡통이라고 생각하지 마십시오. 나는 능력이 없고, 재능도 없고, 젊음도 없고, 시간도 없어 임파서블(impossible)이라고 생각하지 마십시오. 주님께서 나를 사용하시면 나는 I' m possible이 될 수 있습니다.

어떻게 럭비가 시작되었는지 아십니까?

월리엄 웹 엘리스(William Webb Ellis)라는 소년이 1832년 어느 날 영국의 한 학교를 대표해 축구 경기에 나갔습니다. 그런데 집중력이 부족했던 탓인지, 엘리스는 공을 차는 대신 공을 붙잡고 골대를 향해 달려갔습니다. 관중들은 웃음을 참지 못했고 엘리스를 조롱했습니다. 엘리스는 자신의 실수를 뼈아프게 느꼈지만, 엘리스의 '실수'를 지켜보던 어떤 사람은 그 사건을 통해 공을 차는 대신 잡고 뛰는 새로운 스포츠에 대한 상상력을 가지게 되었습니다. 한 사람의 실수로 럭비라는 새로운 스포츠가 탄생된 것입니다.

하나님은 국가대표로 부름받아 달려가는 우리의 실수를 통해서도 역사하십니다. 하나님은 가장 보잘것없는 것을 취하셔서 최상의 것으로 만드시는 분입니다. 가장 황폐한 쓰레기 더미 속에서도 하나님은 가장 위대한 사역을 해내실 수 있습니다. 우리를 천국 국가대표로 부르신 주님의 부르심을 거절하지 마십시오.

국가대표의 Mission(미션)

영화 "국가대표"를 보면 스키점프(Ski Jump)의 스펠링도 모르는 코치와 스키점프에 대해 전혀 알지 못하는 선수들이 국가대표가 되어 훈련을 하는 장면이 나옵니다. 변변한 연습장도 없고 제대로 된 보호 장비나 점프복도 없이 오토바이 헬멧, 공사장 안전모 등만을 쓰고 맨몸으로 훈련에 임합니다.

균형감각을 잡기 위해 조그만 통 위에서 연습하고, 나무 꼭대기에 줄을 매달아 연습하고, 시속 90km의 승합차 위에 스키점프 자세로 고정되어 달리는 위험천만한 질주, 폐(閉)놀이공원 후룸 라이드를 점프대로 개조해 목숨 걸고 뛰어내립니다. 목숨을 건 훈련덕분에 마침내 그들이 날기 시작했고 결국 금메달까지 따게 됩니다. 국가대표의 미션은 금메달을 따는 것입니다.

천국 국가대표들도 미션이 있습니다. 그들은 세상적인 화려한 금메달을 목에 걸지 못합니다, 금메달을 따고 슈퍼스타가 되지도 못합니다. 그러나 그들이 가는 곳마다 생명이 살아납니다. 치열한 영적인 전쟁속에 주님의 나라가 회복됩니다. 주님이 높임을 받으십니다. 주님의 주권이 회복됩니다. 이것이 천국국가대표들의 자부심이자 명예입니다.

세 가지 미션

"가면서 전파하여 말하되 천국이 가까이 왔다 하고 병든 자를
고치며 죽은 자를 살리며 나병환자를 깨끗하게 하며 귀신을 쫓
아내되 너희가 거저 받았으니 거저 주라"(마10:7-8)

이 말씀 속에 천국 국가대표들이 감당해야 할 중요한 세 가
지 미션이 들어있습니다.

1) 소망 사역

세상에서 가장 불쌍한 사람들은 누구입니까? 병든 사람, 혹
은 할 일없이 방황하는 사람, 아니면 가난한 사람입니까? 그렇
지 않습니다. 제일 불쌍한 사람은 소망을 잃어버린 사람입니다.
소망이 없는 사람은 아무런 기대도 없습니다. 바라볼 것도 없습

니다. 나아갈 길도 없습니다. 결국 주저앉게 되고, 실망하게 되고 좌절하다가 마침내 인생의 최후를 맞이하고 말 것입니다.

"사람은 40일 동안 음식을 먹지 않고 물만 마시며 살 수 있고, 3일 동안 물을 마시지 않고도 살 수 있으며, 8분간 숨을 쉬지 않고도 살 수 있으나, 그러나 희망이 없이는 단 2초도 살 수 없다." 라는 말이 있습니다. 이처럼 희망이 없이는 한순간도 살아갈 수 없습니다.

병든 자는 자신의 질병 때문에 인생의 소망을 잃어버린 사람입니다. 병이 길어지면 길어질수록, 병의 중함이 크면 클수록 소망은 점점 사라지게 됩니다. 죽은 자는 아예 소망 자체가 사라져 버린 자들입니다. 나병환자는 버림받은 자들입니다. 공동체 속에서 쫓겨난 자입니다. 다시 돌아갈 희망도 없이 공동체 밖에서 격리되어 살아가는 비참한 인생입니다. 귀신들린 자들은 사탄에게 인생의 소망을 송두리째 도둑맞은 자입니다. 이 모든 사람들은 어떤 것에 의해 자신의 인생의 가장 소중하고 귀한 소망을 잃어버린 자들입니다.

그러므로 천국 국가대표들이 해야 할 첫 번째 미션은 질병 때문에, 죽음 때문에, 귀신들림으로 소망을 잃어버린 자들에게 다시 소망을 찾아주는 것입니다.

소망이 없기 때문에 그들은 아무것도 할 수 없습니다.

소망이 없기 때문에 하나님의 뜻과 다르게 인생길을 걸어갑니다.

소망이 없기 때문에 절망하고, 소망이 없기 때문에 낙심합니다.

병을 치유하는 것이 중요한 것이 아니라 가장 먼저 해야 할 일은 소망을 회복하는 것입니다. 마음이 병들어 소망을 잃어버린 자들에게 가장 먼저 해주어야 할 일이 소망을 회복해 주는 일입니다.

신학자 틸리히는 "희망은 인간에게 살아야 할 의미를 제공한다"고 했습니다.

미국의 엘리오트 웨렌 라이스는 "희망은 질병, 재앙, 죄악을 고치는 특효약이다"라고 했습니다.

그러나 참된 소망은 세상 가운데 있지 않습니다. 참된 소망은 바로 예수 그리스도에게만 있습니다. 그래서 그 예수를 전해주는 것이 천국국가대표로 부름받은 우리가 해야 할 첫 번째 미션입니다.

2) 회복 사역

병든 자, 죽은 자, 나병환자, 귀신들린 자들 모두는 눌리고 묶이고 더러워진 자들입니다. 질병에 의해 눌리고, 귀신에 의해 묶이고, 특별한 질병으로 인해 더러워진 자들에게 필요한 것은 '회복사역'입니다. 제자들이 세상 속에 파송되어 그들이 해야 할 일이 바로 이 회복사역이었습니다. 그들이 만나는 자마다 예수 이름으로 귀신을 좇아내고, 질병을 치료하며, 영혼과 마음에 생긴 상처를 온전히 회복해야 했습니다.

이미 하나님은 우리에게 이러한 일들을 감당할 수 있는 능력들을 주셨습니다. 문제는 우리가 담대하지 못함이며, 문제는 믿음이 없기 때문입니다. 담대하게 예수 이름으로 세상 가운데 선포하고 나아가십시오. 놀라운 기적이 일어날 것입니다.

3) 예언 사역

그 당시 많은 사람들이 형식적인 율법에 묶여 이 땅에 임하게 될 하나님의 통치에 무관심했습니다. 예수님을 통해 이루실 하나님의 나라에 대한 소망을 잃어버리고 살고 있었습니다. 천국 국가대표인 제자들은 주님께서 주신 말씀을 그대로 전하는 예언 사역을 감당해야 했습니다.

예수님의 공생애 첫 시작 말씀도 "회개하라 천국이 가까이 왔다"는 말씀이었고, 세례 요한도 그의 사역 동안 외친 것이 바로 이 말씀이었습니다. 제자들은 세상에서 만나는 수많은 사람들에게 이 예언의 말씀을 전해야 할 책임이 주어졌습니다. 예언이란 '하나님이 주신 것을 전하는 것' 입니다.

천국의 국가대표로 부름받은 자들은 이 세 가지 사역을 기억해야 합니다. 이 땅 가운데 소망을 잃어버리고 살아가는 자들에게 주님의 이름으로 소망을 주고, 귀신과 질병에 묶인 자들을 향해 예수님의 이름으로 선포함으로 그들의 질병과 약함으로부터 온전히 회복하고, 하나님이 주신 말씀을 온전히 전하는 예언 사역을 감당하는 자들이 천국 국가대표임을 기억하십시오.

국가대표의 Life(라이프)

"너희 전대에 금이나 은이나 동을 가지지 말고 여행을 위하여 배낭이나 두 벌 옷이나 신이나 지팡이를 가지지 말라 이는 일꾼이 자기의 먹을 것 받는 것이 마땅함이라 어떤 성이나 마을에 들어가든지 그 중에 합당한 자를 찾아내어 너희가 떠나기까지 거기서 머물라"(마10:9-10)

국가대표로 부름받은 사람들은 더 이상 우리가 지고 가는 '전대' 로 고민할 필요가 없습니다. 사명자의 관심은 사명완수가 되어야지 자신의 전대를 채우는 것이 되어서는 안됩니다. 여기에 믿음이 필요합니다. 믿음이 없으면 금이나 은이나 동으로 전대를 채우려고 하기 때문입니다. 믿음이 없으면 세상적인 배낭에다 두 벌 옷과 신과 지팡이로 자신을 보호하려고 합니다.

주님은 사명자의 삶(Life)은 단순해야 함을 지적하십니다. 일꾼이 자기의 먹을 것을 받는 것이 당연하다는 믿음, 다시 말해 하나님이 합당한 자들을 준비해 두셨다는 확신만 가지면 됩니다. 그래서 천국국가대표로 부름받은 사명자들은 먼저 그의 나라와 의에만 집중하면 됩니다. 그러면 하나님께서 우리에게 필요한 모든 것을 채우신다고 약속해 주셨습니다. (마7:33)

천국 국가대표의 자리는 편안하고 안락한 자리가 아닙니다. 그러한 자리를 원하면 국가대표를 그만두어야 합니다. 천국 국가대표의 삶은 마치 비인기 종목처럼 사람들의 환호성과 관심과 박수가 없을지도 모르겠습니다. 수많은 카메라 플래시와 스포트라이트를 받는 자리가 아닐지도 모르겠습니다. 철저하게 고독과 싸워야 할지도 모르겠습니다. 고된 훈련으로 피눈물을 흘려야 할지도 모르겠습니다. 때로는 시합에 져서 고통스러워 눈물로 밤을 새워야 할지도 모르겠습니다.

그러나 우리는 천국 국가대표입니다. 하나님 나라의 국가대표로 우리는 지금 세상 가운데 서 있습니다. 영적 자부심과 긍지로 우리 앞에 있는 영적 전쟁터로 나가야 합니다. 당신의 손끝에 수많은 사람들의 웃음과 눈물이 달려 있습니다. 당신에게 주어진 천국 국가대표라는 타이틀은 당신의 평생 자랑이 될 것입니다.

천국 국가대표 마10:1~10

1. 천국 국가대표로의 Calling(부르심)

주님께서 12명의 제자들을 천국 국가대표로 불렀듯이 오늘 우리도 13번째 국가대표로 부르고 계십니다. 우리가 천국국가대표가 될 수 있는 이유는 나의 실력이나 재능 때문이 아닙니다. 또 젊음이나 강함 혹은 부유함 때문도 아닌 바로 '적합성' 때문입니다.

우리가 주님이 이 땅 가운데 세우실 하나님의 나라를 위해 가장 적합한 사람이기 때문입니다. 영어로 '캔(can)'은 '깡통'이란 뜻이 있습니다. 그러나 이 can이 동사로 사용될 때 '할 수 있다'는 뜻도 가집니다. '할 수 있다'고 생각하는 사람은 어떤 장애물이 있어도 반드시 해냅니다. 그러나 '할 수 없다'고 생각하는 사람은 이미 속으로 어떤 일도 할 수 없다고 포기해버렸기 때문에 아무것도 하지 못하는 '빈 깡통' 같은 사람이 되고 맙니다.

'Impossible' 이라는 단어가 있습니다. '불가능하다' 는 의미입니다. 그러나 이 단어를 자세히 한 번 들여다보십시오. 만약 조금만 띄어쓰기를 바꾸면 'I'm possible' 이 됩니다. '나는 가능하다' 는 뜻으로 바뀝니다. 'Impossible' 이라는 영어 단어는 많은 사람들에게는 전혀 불가능한 것처럼 보일지 모르나, 믿음으로 살아가는 우리에게는 얼마든지 '나는 가능하다' 로 볼 수 있습니다. 하나님은 다른 사람이 아닌 당신을 천국국가대표로 부르십니다.

2. 천국 국가대표의 Mission(사명)

국가대표가 되면 주어지는 한 가지 미션은 바로 금메달을 따는 것입니다. 그것을 위해 피나는 연습과 훈련을 하는 것입니다. 천국 국가대표들에게도 미션이 주어지는데 그것은 세상적인 화려한 금메달을 따는 것이나 사람들의 환호성과 박수를 받는 슈퍼스타의 길이 아닙니다.

대신 그들에게 주어진 미션은 세 가지 사역입니다.

(1) 소망사역 - 병든 자, 죽은 자, 나병환자, 귀신들린 자들은 모

두 소망을 잃어가고, 잃어버렸고, 잃어버려야만 했고, 그리고 소망을 빼앗긴 자들입니다. 그들에게 인생의 참된 소망이신 예수 그리스도를 전해주고 보여주는 사명이 바로 천국국가대표가 해야 할 첫 번째 사명입니다.

(2) 회복사역 - 병든 자, 죽은 자, 나병환자, 귀신들린 자들은 질병에 의해 눌리고, 귀신에 의해 묶이고, 특별한 질병으로 인해 더러워져 회복이 필요한 자들입니다. 그들을 위해 주님은 우리를 천국 국가대표로 부르셨습니다.

(3) 예언 사역 - 그 당시 많은 사람들이 형식적인 율법에 묶여 이 땅에 임하게 될 하나님의 통치에 무관심했습니다. 예수님을 통해 이루실 하나님의 나라에 대한 소망을 잃어버리고 살았습니다. 천국 국가대표인 제자들은 주님께서 주신 말씀을 그대로 전하는 예언 사역을 감당해야 했습니다. 예언이란 하나님이 주신 것을 전하는 것입니다.

3. 천국 국가대표의 Life(라이프)

천국국가대표로 부름받은 사람들은 더 이상 생활의 문제로 고민할 필요가 없습니다. 왜냐하면 주님께서 합당한 사람들을 우리를 위해 준비해 두셨기 때문입니다. 먼저 그의 나라와 의를 구하면 하나님은 모든 것을 더하시겠다고 약속하셨습니다(마 7:33). 일꾼이 자기의 먹을 것 받는 것이 마땅하다고 주님께서 말씀하셨습니다. 우리에게 필요한 것은 믿음입니다. 천국 국가대표로 열심히 사역하면 주님께서 나의 일상의 모든 것들을 채우신다는 믿음을 가져야 합니다.

7. 영적 삼투압 교회 계3:7-13

삼투압현상

U자 모양의 투명한 유리 그릇이 있습니다. 유리 그릇의 한가운데에 반투과성 막인 셀로판지를 붙여서 유리 그릇의 공간을 좌우로 양분합니다. 그리고 왼쪽엔 설탕 용액, 오른쪽엔 물을 채웁니다. 어떤 결과가 나올까요?

유리그릇의 왼쪽과 오른쪽은 농도가 다릅니다. 당연히 설탕의 농도가 물의 농도보다 월등하게 높습니다. 양쪽의 농도가 다르니 농도 평형을 이루기 위해 물이 움직입니다. 그래서 오른쪽에 있는 물이 왼쪽으로 움직이게 됩니다. 물이 이런 방향으로 이동하니, 오른쪽의 수면은 낮아지고 왼쪽의 수면은 그만큼 높아집니다. 어떤 힘, 압력이 작용했는데 이것을 삼투압 현상이라고 부릅니다.

삼투압의 원리는 반투막을 사이에 두고서 저농도와 고농도의 용액을 놓아두면 저농도의 용액이 고농도의 용액 쪽으로 흘러들어가 동일한 농도가 되는데 이 때 생기는 압력차가 바로 삼투압인 것입니다.

우리의 생활 속에 이러한 삼투압 현상을 많이 볼 수 있습니다. 특히 김치를 담글 때 진한 소금물에 배추를 담가두면 배추에서 수분이 빠져 나와 뻣뻣하던 배추가 풀이 죽고 절여지는 것을 볼 수 있는데 이것도 삼투현상 때문입니다.

냉장고에 식품을 저장하더라도 시간이 지나면 곰팡이가 생겨 상하는 경우가 있습니다. 그러나 꿀은 냉장고가 아닌 상온에서 아무리 오랫동안 보관해도 곰팡이가 생기지 않습니다. 그것은 꿀에는 농도가 아주 높은 과당(fructose)이 있기 때문입니다.

설령 곰팡이가 꿀에 침투하더라도 곰팡이의 세포용액보다 꿀의 농도가 훨씬 높기 때문에 삼투현상이 일어납니다. 곰팡이 세포로부터 물이 꿀의 과당쪽으로 이동합니다. 그러면 곰팡이세포는 살아갈 수 없게 됩니다.

삼투압이 일어나기 위해서 농도가 낮은 곳에서 높은 곳으로 용매(물)가 이동하듯이 오늘날 크리스천들도 높고 강력한 복음의 농도를 지녀야 합니다. 희석되고 불순물이 섞여 있는 다른 복음이 아닌 복음 그 자체의 높은 농도를 유지해야 합니다. 높은 농도의 복음을 지닌 크리스천들만이 낮은 농도의 세상을 끌어당길 수 있습니다.

사도행전 2장에는 초대교회의 모습이 소개되어 있습니다.
⑴ 사도들의 가르침을 받아 서로 교제하며 떡을 떼며 기도하기를 힘썼습니다.
⑵ 사도들로 인해 기사와 표적이 일어나는 교회였습니다.
⑶ 날마다 마음을 같이하여 성전에 모이기를 힘쓰는 교회였습니다.

⑷ 기쁨과 순전한 마음으로 음식을 먹고 하나님을 찬미했습
니다. 그랬을 때 주께서 구원받는 사람을 날마다 더하게
하셨습니다.

초대교회는 진한 농도의 삶을 살아가는 성도들의 모임이었습
니다. 그들은 순수한 복음을 가지고 있었습니다. 말씀대로, 가
르침대로 살아가는 진한 농도의 용질(소금)과 같았습니다. 그럴
때 당연히 세상은 교회로 끌려오게 되는 것입니다. 이것이 바로
삼투압입니다. 초대교회는 삼투압 교회였습니다. 강력한 능력을
가진 교회였기에 세상 사람들의 눈에 매력적인 교회였고 그들
속에는 세상이 가지지 못한 강력한 어떤 것이 있었습니다.

강력하고 진한 복음의 농도를 지닌 순도 100%의 교회, 그 교
회가 세상을 끌어당길 수 있습니다. 이러한 교회가 세상을 바
꿀 수 있습니다. 세상을 끌어당기고, 세상의 영적인 흐름을 바
꾸어 놓는 강력한 영적인 교회가 바로 삼투압 교회입니다. 삼투
압의 원리를 가지고 세상을 주도하는 교회입니다

"볼찌어다 내가 네 앞에 열린 문을 두었으되 능히 닫을 사람이 없으리라"(계 3:8)

삼투압 현상은 다른 농도의 두 물질이 반투막이라는 막을 통해 경계를 이루고 있습니다. 완전히 막혀있는 벽이 아닌 용매는 통과할 수 있는 열린 문입니다. 그래서 끌어당김을 통해 농도의 균형을 맞출 수 있게 되는 것입니다. 농도의 균형을 이루기 위해서 열린 문이 필요합니다.

영적인 세계도 마찬가지입니다. 열린 문을 통해 하나님의 복음을 전하고 이 열린 문을 통해 세상을 끌어당겨야 합니다. 세상을 향해 열린 문을 가진 교회는 끌어당기는 교회입니다. 세상에서는 느낄 수도, 생각할 수도 없는, 만날 수도 없는 어떤 것을 가지는 교회입니다.

끌어당김이라는 것은 어떤 매력적인 것이 있을 때 끌어당길 수 있습니다. 매력이라는 것이 영원한 것이 아닙니다. 매력은 늘 가꾸어야 하고 준비해야 합니다.

서울과학종합대학원 윤은기총장이 쓴 〈매력이 경쟁력이다〉라는 책이 있습니다. 저자는 매력 있는 사람, 매력 있는 기업, 매력 있는 나라에 사람이 몰리고 돈이 몰린다고 말합니다. 그리고 매력 없는 것은 과감히 버리고, 매력이 약한 것은 강하게 바꾸고, 전에 없던 새로운 매력을 창조하라고 조언합니다.

반투막의 기능

여기서 주의할 것은 삼투압은 용매(액체)가 열린 문을 통해 들어올 수 있지 용질(물체)은 들어올 수 없다는 것입니다. 용질과 같은 세상적인 문화와 세상적인 지식, 세상적인 습관들이 교회안으로 들어오지 못하도록 반드시 반투막을 확인해야 합니다. 반투막이 기능을 상실하여 교회와 세상을 이분법적으로 갈라서도 안되고, 그렇다고 반투막이 그 기능을 상실하여 아무것이나 흘러 들어오도록 해서도 안됩니다. 물이 바다를 덮음같이 여호와의 영광을 인정하는 것이 세상에 가득하게 만드는 것이 바로 삼투압입니다(합2:14). 여호와의 영광을 인정하는 것으로 가득 찬 농도균형 이것이 우리가 꿈꾸는 세상입니다.

영향력의 힘

삼투압은 농도가 낮은 용액이 농도가 높은 곳으로 스며드는 것입니다. 농도가 낮은 용액이 높은 곳으로 이동하기 위해서는 끌어당기는 힘이 필요한데 그것을 '영향력'이라는 말로 바꾸어 사용할 수 있습니다.

빌라델비아 교회는 적은 능력을 가진 교회였습니다.

'적은 능력'이란 그 지역에서 교인들의 신분이나 지위 등의 외적 능력이 변변치 못함을 의미하는 것입니다. 숫자가 많지 않음을 의미합니다. 그러나 그들은 적은 능력을 가지고도 주님의 말씀을 지켰고, 핍박 가운데도 배반치 않았습니다. 여기서도 삼투압이 나타납니다. 그들은 최선을 다해 자신들의 부족함과 연약함 가운데서도 신앙을 지켜나갔습니다.

그랬더니 빌라델비아 교회를 괴롭히는 '사단의 회'가 있는

데 사단의 회는 유대인들로 조직되었습니다. 이방인들 중에 자기 가족이 교회 나가는 것을 반대하는 빌라델비아 본토인들과 또 기독교가 잘 되는 것을 시기하는 유대인들이 만든 단체입니다. 그런데 그 단체의 우두머리 노릇하는 몇 사람들이 그들의 잘못을 회개하고 돌아왔습니다.

"보라 사탄의 회당 곧 자칭 유대인이라 하나 그렇지 아니하고 거짓말 하는 자들 중에서 몇을 네게 주어 그들로 와서 네 발 앞에 절하게 하고 내가 너를 사랑하는 줄을 알게 하리라"(계3:9)

하나님의 강권적인 역사였습니다. 순교의 상황 속에서도 믿음을 버리지 않고 주님의 말씀을 붙들고 끝까지 신앙의 지조를 지킨 그들의 영향력이 그들을 끌어당긴 것입니다. 아무리 생각해보아도 절대 돌아올 것 같지 않은 그들이 돌아온 것입니다. 이것이 바로 영향력입니다.

영향력의 은행계좌

우리는 세상을 향해 영향력을 발휘해야 합니다. 사람들을 끌어당기는 힘인 영향력을 세상 가운데 드러내야 합니다. 이것은 편안할 때나 핍박 가운데나 예외가 없습니다. 초대 예루살렘 교회가 평안할 때 영향력을 드러낸 교회라면 서머나 교회나 빌라델비아 교회는 핍박과 환란 가운데 영향력을 드러낸 교회들입니다. 교회의 영향력은 상황에 좌우되어서는 안됩니다. 큰 능력을 가지고 있다고 큰 영향력을 드러내는 것이 아닙니다. 비록 빌라델비아 교회처럼 적은 능력을 가지고 있다하더라도 반드시 세상 가운데 영향력을 발휘해야 합니다. 그것이 삼투압 교회의 사명입니다.

잔 맥스웰 목사님은 "우리 모두는 영향력의 은행계좌를 가지고 있다"고 말합니다. 우리는 이 계좌를 개설하고 거기서 출금하고, 그것을 담보로 대출하고, 그것을 잃어버리거나 탕진하며, 돈을 모아 다시 계좌를 개설하고, 그것으로 베풀거나 투자를 할 수 있습니다. 영향력은 우리가 관리하는 실제 자산입니다.

감염된 영향력과 건강한 영향력

영향력은 감염된 영향력과 건강한 영향력, 두 가지가 있습니다. 독감을 의미하는 인플루엔자(influenza)와 영향력을 의미하는 인플루언스(influence)는 모두 '흘러 들어감'을 의미하는 라틴어 '인플루에레(influere)'에서 유래되었습니다. 좋은 영향력은 다른 사람들에게 흘러 들어가는 긍정적 특성을 가지지만, 나쁜 영향력은 독감 바이러스가 호흡기에 침입하듯이 다른 사람들에게 흘러 들어가는 나쁜 특성을 지닙니다. 독감은 자신도 그것으로 인해 고통스럽지만 문제는 자신으로 인해 주변 모든 사람을 함께 고통스럽게 만든다는 것입니다.

교회는 독감과 같이 나쁜 영향력을 이 세상 가운데 흘러보내서는 안됩니다. 세상을 바꾸고 핍박하는 자를 굴복시키는 바로 그 영향력을 가져야 합니다. 빌립보 감옥에 갇혀 있던 사도바울이 그를 지키던 간수까지도 변화시킨 영향력이 바로 교회의 영향력이 되어야 합니다. 예수를 잡아 채찍질하고 십자가에 못박았던 백부장이 예수님의 죽음 앞에 "진실로 하나님의 아들이었다”고 고백하게 만든 바로 이것이 교회의 영향력입니다.

용질과 용매

“내가 속히 임하리니 네게 가진 것을 굳게 잡아 아무나 네 면류
관을 빼앗지 못하게 하라”(계3:11)

삼투압에서 용매(액체)는 움직여도 용질(물질)은 절대 움직이
지 않습니다. 이것이 삼투압의 핵심 원리입니다. 용질이 움직이
지 않기 때문에 자신의 본질을 상실하지 않습니다.

마태복음5:13절에 “너희는 세상의 소금이라”고 주님께서 말
씀하십니다. 소금이라는 용질이 물이라는 용매에 녹아져도 그
소금의 맛이 변하지 않는 것처럼 세상의 소금인 우리는 우리가
가진 것, 우리의 본질을 절대 잃어버려서는 안됩니다. 이것이 삼
투압의 원리이고 영적 삼투압을 주도하는 교회가 기억해야 하
는 영적원리입니다. 내가 가진 것을 굳게 잡아야 합니다.

어느 날 신문에 흥미로운 광고가 하나 실렸습니다.

"사람 구함: 키 180cm, 가슴둘레 120cm, 허리 40inch, 체중 120kg, 목소리 괴팍하고 큰 분. 숙식제공 및 월 200만 원 이상 보장. 문의 123-4567."

면접시험에는 광고의 조건과 비슷한 사람들이 몰려들었고, 엄정한 심사 끝에 선택된 한 사람은 즉각 차에 태워져 어디론가 떠났습니다. 그러나 그가 어디서 무엇을 하게 될지는 아무도 몰랐습니다. 한 달 남짓 후 신문에는 대문짝만한 광고가 나돌기 시작했습니다.

> "그네 타고 담배 피우는 곰 등장!
> 50여 가지의 환상묘기 대개봉!"
> -ㅇㅇ 동물원.

포효하는 곰의 사진은 한 달 동안 곰가죽을 입고 갖은 곰흉내를 연습해온 바로 그 사람이었습니다. 그는 단지 몰려든 사람

앞에서 어설픈 재주만 부리면 되었습니다. 어정어정 걷기도 하고 가끔 앞발(손?)을 쳐들면서 괴성도 지르고, 조련사가 물려준 담배를 한모금 빨고 만족한 듯한 시늉을 하면 사람들은 환호성을 지르면서 좋아라고 박수를 쳐댔습니다. 그도 기분이 좋았습니다.

그는 더욱 곰다워지기 위해서 자기를 철저히 다듬어갔습니다. 아침마다 눈을 뜨면 "나는 곰이다. 진짜 곰이다" 하고 되뇌었고 더 곰같이 해달라고 신에게 기도도 했습니다. 그는 백과사전에서 곰에 대한 내용을 거의 외다시피 했고, 곰의 습성을 관찰하고 모방하는 데 더 많은 시간을 보냈으며, 곰 생태 연구 특별 세미나에도 부지런히 쫓아다녔습니다. 그는 이제 누가 봐도 의심 못할 재주 많은 곰이 되어갔습니다.

그는 폭발적인 인기를 누렸습니다. 수많은 군중들이 모인 어느 날, 그는 그네 타기 묘기를 부리게 되었습니다. 사람들은 그가 발을 구를 때마다 "더 높이! 더 높이!" 하고 외치면서 박수를 쳤습니다. 그는 점점 그네를 세게 굴리기 시작했습니다. 그가 희열에 차서 줄을 잡은 손을 잠시 의식하지 못한 순간, 그만 그네에서 떨어져 옆 호랑이 우리로 곤두박질치고 말았습니다. 그는 아픔도 잊고 공포에 질려 기겁을 하지 않을 수 없었습니다.

호랑이가 입을 쩝쩝 다시면서 자기를 향해 어슬렁어슬렁 다가오는 것이 아닙니까? 그는 철조망을 죽어라고 흔들면서 소리쳤습니다. "사람 살려! 나는 사람이오! 사람 살려!" 그때 호랑이의 입이 목줄기에 턱 닿더니 조그맣게 속삭이는 것이었습니다. "쉿! 조용해! 나도 사람이야"

어쩌면 우리도 이렇게 곰의 옷을 입고 곰처럼, 호랑이의 옷을 입고 호랑이처럼 살아가려고 애쓰는 바로 그 사람들처럼, 내가 붙잡아야 할 것을 잊어버리고 흉내를 내며 살아가고 있지 않습니까? 그러다가 어려움이 오고 위기가 찾아오면 그 옷을 벗고 자신의 정체성을 던져버리는 나약하고 용기 없는 크리스천의 모습은 아닙니까? 내게 주신 것을 붙잡아야 합니다. 내게 주신 것을 굳게 잡아야 합니다. 내게 주신 것의 가치를 발견하십시오.

독일의 유명한 작곡가 헨델의 일화입니다.

어느 날 헨델이 길을 가다가 가발을 잃어버렸습니다. 당시에 가발은 매우 중요한 물건이었습니다. 한참동안 난처해하고 있을 때 한 아름다운 아가씨가 그의 가발을 찾아주었습니다. 알고 보니 그녀는 근처 이발관에서 일하는 아가씨였습니다. 그 후 헨델은 고마운 마음으로 그녀를 자주 찾아가게 되었습니다. 그러다 보니 어느덧 그녀와 사랑하는 사이가 되었습니다. 헨델은 사랑하는 여인에게 자신의 오라토리오 '메시야'의 친필 악보를 선물로 주었습니다. 헨델은 그녀와 결혼할 생각을 가지고 있었습니다.

그러던 어느 날 헨델은 그 이발관에 다시 들렀습니다. 그 아가씨는 헨델이 온 줄 모르고 있었습니다. 이발을 하러 온 한 손님의 머리를 만지고 있던 그녀는 무심코 다른 이발사에게 "머리를 말게 악보 몇 장만 갖다 주세요"라고 말하는 것이었습니다. 그 말을 들은 헨델은 조용히 이발관을 나왔고 그 후로 다시는 그 이발관에 가지 않았다고 합니다.

면류관의 주인공

헨델의 명작 '메시아'의 가치를 알지 못하는 여인처럼 진정한 가치를 알지 못한 채 살아가는 인생이 있습니다. 아무리 귀한 것이 손에 들려있다고 해도 그 가치를 모르면 쓰레기통에 던져 버릴 수밖에 없습니다. 특별히 이 시대 가운데 영적 삼투압 교회로 부름받은 우리가 굳게 잡아야 할 것이 무엇일까요? 바로 하나님이 주신 사명지렛대입니다. 내게 주신 사명을 굳게 잡아야 합니다. 이것이 하나님이 우리에게 주실 면류관을 빼앗기지 않는 방법입니다. 내가 붙들어야 할 사명을 붙들고 세상을 끌어당기는 삼투압 교회가 될 때 우리는 하나님의 면류관의 주인공이 될 것입니다.

영적 삼투압 교회 계3:7-13

삼투압이란 반투막을 사이에 두고서 저농도와 고농도의 용액을 놓아두면 저농도의 용액이 고농도의 용액쪽으로 흘러 들어가 농도균형을 이루게 되는데 이 때 생기는 압력차가 바로 삼투압입니다. 삼투압이 일어나기 위해서 농도가 낮은 곳에서 높은 곳으로 용매가 이동하듯이 오늘날 교회는 높고 강력한 복음의 농도로 세상을 끌어당겨야 합니다. 강력하고 진한 복음의 농도를 지닌 순도 100%의 교회 그것이 바로 삼투압 교회입니다. 이러한 교회가 세상을 끌어당길 수 있습니다. 이러한 교회가 세상을 바꿀 수 있습니다.

1. 열린 문을 통해 세상을 끌어당기라

삼투압 현상은 다른 농도의 두 물질이 반투막이라는 막을 통해 경계를 이루고 있습니다. 완전히 막혀있는 벽이 아닌 용매(물)는 통과 할 수 있는 열린 문입니다. 열린 문은 하나님의 가능성입니다. 열린 문을 통해 하나님의 복음을 전하고 열린 문을 통해 세상이 하나님 앞에 달려올 수 있습니다. 교회의 사명이 바로 열린 문을 통해 세상을 끌어당기는 것입니다.

그러나 주의할 것은 삼투압은 용매(액체)만 열린 문을 통해 들어올 수 있지 용질(물체)은 절대 들어올 수 없습니다. 용질과 같은 세상적인 우상들과 세상적인 문화와 지식, 세상적인 습관들이 교회안으로 들어오지 못하도록 반드시 교회의 반투막을 확인해야 합니다.

반투막이 그 기능을 상실하면 교회는 종교 다원주의나 혼합주의에 빠질 수밖에 없습니다. 분명한 것은 하박국2장14절 말씀처럼 "대저 물이 바다를 덮음같이 여호와의 영광을 인정하는 것이 세상에 가득하게 만드는 것"이 바로 삼투압 교회의 모습입니다. 여호와의 영광을 인정하는 것으로 가득찬 농도 균형을 만드는 것이 오늘 우리의 사명입니다.

2. 세상속에 강력한 영향력을 발휘하라

삼투압은 농도가 낮은 용액이 농도가 높은 곳으로 스며드는 것입니다. 그런데 농도가 낮은 용액이 높은 곳으로 이동하기 위해서는 반드시 그를 끌어당기는 어떤 힘이 필요합니다. 그 힘이 영향력입니다.

빌라델비아 교회는 적은 능력을 가진 교회였습니다. 그러나 그들은 적은 능력을 가지고도 주님의 말씀을 지켰고, 핍박 가운데도 배반치 않았습니다. 그랬더니 빌라델비아 교회를 괴롭히는 사단의 회의 우두머리 노릇하는 몇 사람들이 예수께로 돌아오게 되었습니다.

이것은 순교의 상황속에서도 믿음을 버리지 않고 주님의 말씀을 붙들고 끝까지 신앙의 지조를 지킨 그들의 영향력이, 그렇게 악하고 핍박하던 사람들까지도 끌어당기게 된 것입니다. 이것이 바로 영향력입니다. 영향력(influence)의 어원은 'influere'에서 유래되었는데 '흘러들어감' 이라는 뜻을 가지는 것처럼 세상 속으로 흘러들어가 건강한 영향력을 발휘하는 교회가 바로 삼투압 교회입니다.

3. 본질을 붙들어라

삼투압은 용매(물)는 움직여도 용질 즉 물질은 절대 움직이지 않습니다. 이것이 삼투압의 원리입니다. 용질이 움직이지 않기 때문에 자신의 본질을 상실하지 않는 것입니다.

마태복음5:13절에 "너희는 세상의 소금이라"고 주님께서 말씀하십니다. 소금이라는 용질이 물이라는 용매에 녹아져도 그 소금의 맛이 변하지 않는 것처럼, 세상의 소금인 우리는 우리가 가진 것, 우리의 본질을 절대로 잃어버려서는 안됩니다. 이것이 삼투압의 원리이고 영적 삼투압을 주도하는 교회가 기억해야 하는 영적 원리입니다. 그래서 "네가 가진 것을 굳게 잡으라"고 하나님은 우리에게 말씀하십니다.

허각과 존박

한 케이블 방송의 '슈퍼스타K2' 마지막 결선 대결이 있었습니다. 매주 노래 대결을 펼치며 134만 명의 경쟁자를 뚫고 올라온 두 사람; 〈허각〉과 〈존박〉이라는 두 사람이 펼치는 대결은 이미 많은 사람들을 TV 앞으로 몰려오게 만들었습니다. 이날 최종 결선의 시청률은 무려 18.1%였습니다. 1% 시청률만 나와도 성공이라는 케이블 TV 업계에서는 기적이나 다름없는 수치였습니다.

그런데 마지막 결선에 오른 허각이라는 사람과 존박이라는 사람이 완전히 다른 스펙을 가진 사람이라는 것이 밝혀졌습니다.

미국 노스웨스턴대학에 재학 중이면서 180cm의 키와 훤칠한 외모의 귀공자 타입의 존박과, 키 163cm의 중졸 학력, 환풍기 수리와 막노동, 한 부모 가정 출신의 88만원의 월급을 받는 막노동 인생의 맞대결은 그 자체로 사람들을 흥분하게 만들었습니다. 이미 인터넷에서는 '귀족과 평민의 대결' '주류와 비주류의 대결' '스펙(specification)과 루저(loser)의 대결' 등 선명한 대결 구도가 만들어졌습니다.

아무도 예상하지 못하는 심사 방식 때문에 뚜껑을 열기 전까지는 존박의 우승이 점치는 의견이 많았습니다. 연예인으로서의 상품성과 스펙(경력)을 중시하는 한국 사회의 풍토에서 존박의 우승이 어쩌면 당연해 보였기 때문입니다. 하지만 예상은 보기 좋게 빗나갔습니다. 사전 인터넷 인기투표에서 허각이 존박을 1만표 이상 앞서면서 이상 조짐을 보이기 시작하더니, 시청자 투표에서는 허각이 압도적 표차로 앞섰습니다. 까다롭기로 소문났던 심사위원 이승철과 엄정화도 허각에게 만점에 가까운 99점을 줬습니다. 심사위원 이승철은 허각의 우승이 확정된 후

"감동을 줘서 고맙다"며 눈물을 보였습니다.

분명히 모든 스펙에서는 존박이 허각을 앞서 있었습니다. 그러나 사람들은 화려한 스펙보다는 한 막노동 인생의 스토리에 집중했고, 감동했고, 그리고 그를 선택했습니다. 결국 한 사람의 인생 스토리가 스펙을 이긴 것입니다.

스펙=가면?

스펙이라는 말은 영어 단어 'specification(스페스피케이션)'에서 나왔습니다. 이 단어는 해당 제품에 대한 여러 조건을 상세하게 기술한 설계 지시서 또는 제품 설명서를 뜻합니다. 그러나 요즘 이 스펙이라는 말은 외형적인 조건 또는 자격을 가리키는 말로 사용됩니다. 요즘 구직자들에게 학벌, 학점, 영어점수, 기타 관련 자격증이 있어야 합니다.

많은 결혼 적령기에 있는 총각 처녀들이 상대방의 재산, 외모, 학벌, 배경을 따집니다. 그러니까 외형적 조건 또는 자격을 따진다는 것입니다. 그런 것들을 가리켜 '스펙'이라고 합니다. 따라서 '스펙이 강하다', '스펙이 좋다'라는 말은 다른 제품이 가지지 못한 추가 기능이 있거나 뭔가 특별한 기능이 있음을 뜻합니다. 세상 사람들은 스펙에 길들여져 있습니다. 동일한 조건이라면 스펙이 강한 쪽에 사람들은 손을 들어줍니다.

그러나 스펙이 언제나 우리에게 성공을 보장해주는 것은 아닙니다. 또한 화려한 스펙이 늘 언제나 신뢰를 주는 것도 아닙니다. 예를 들어 토익 점수가 900점이 넘는다고 영어를 잘하는 것이 아닙니다. 많은 자격증을 가진다고 관련된 업무를 능숙하게 잘하는 것이 아닙니다.

그러나 오랜 경험이 있으면 즉 그 일에 스토리를 가지고 있으면 더 뛰어난 실무 능력을 보이게 됩니다.

또 스펙은 언제나 유효 기간이 있습니다. 자기 스펙의 점수가 좋아도 늘 더 높고 더 좋은 조건의 경쟁자가 나타납니다. 그래서 세상에 평안이 없고 늘 불안합니다. 사는 것이 피곤합니다. 토익 점수의 유효기간이 2년인 것처럼 스펙은 시간이 지날수록 그 가치가 떨어지고 새로운 스펙을 쌓아야 한다는 불안함이 있습니다.

그래서 스펙을 생각하면 가면이 떠오릅니다. 마치 나를 숨기기 위해 우리가 사용하는 가면처럼 우리는 늘 스펙이라는 가면을 쓰고 자신을 숨기려고 합니다. 그 가면을 쓰면 우리는 자신을 뽐낼 수도 있고 사람들의 인정과 존경을 받을 수 있다는 착각을 가집니다.

영적 스토리

사도 바울도 세상적으로 아주 화려한 스펙을 가지고 있었던 사람입니다.

"나는 8일만에 할례를 받고 이스라엘 족속이요, 베냐민지파요 히브리인 중의 히브리인이요 율법으로는 바리새인이요 열심으로는 교회를 박해하고 율법의 의로는 흠이 없는 자라"(빌3:5-6)

그는 유대인이었으며 로마 시민권을 가졌고 당대 최고의 스승이었던 가말리엘 문하에서 배운 최고의 스펙을 가진 자였습니다.

사도행전 9장에 사울이 위협과 살기가 가득하여 예수의 도를 따르는 사람들을 결박하여 잡아가려고 했던 이유도 그것을 통해 수많은 사람들에게 인정받고 자신의 스펙을 쌓으려는 야심 때문이었습니다. 그런데 바울이 자신의 모든 스펙을 해로 여기고, 이러한 스펙들을 포기하고, 배설물로 여긴다고 말하고 있습니다. 자신의 화려한 스펙을 버리겠다는 것입니다. 뒤로 하겠다는 것입니다.

"그러나 무엇이든지 내게 유익하던 것을 내가 그리스도를 위하여 다 해로 여길 뿐더러 또한 모든 것을 해로 여김은 내 주 그리스도 예수를 아는 지식이 가장 고상하기 때문이라 내가 그를 위하여 모든 것을 잃어버리고 배설물로 여김은 그리스도를 얻고 그 안에서 발견되려 함이니 내가 가진 의는 율법에서 난 것이 아니요 오직 그리스도를 믿음으로 말미암은 것이니 곧 믿음으로 하나님께로부터 난 의라"(빌3:7-9)

그 이유가 무엇인지 아십니까?

그리스도를 얻기 위해서입니다. 그리고 그를 위해서 모든 것을 잃어버리겠다는 것입니다. 이것이 바로 사도 바울이 써내려가는 자신의 영적 스토리입니다. 바울은 세상적인 자기 이야기 즉 스펙을 버리고 예수를 얻었습니다. 그리고 그리스도 안에서 새로운 영적 이야기를 시작하였습니다. 최고(the best)가 되기 위한 이야기가 아닌 유일(the only)한 자신만의 이야기가 시작된 것입니다. 그가 기록한 13권의 서신들에는 바로 그러한 주님과의 이야기로 가득합니다.

우리도 '세상적인 이야기' 스펙이 아니라 '그리스도와의 영적스토리'를 붙잡아야 합니다. 내 삶 속에 그리스도를 얻어야 합니다. 그분과 함께 내 인생에 새로운 영적 스토리를 만들어가야 합니다.

영적 스토리는 스펙과 대조적인 개념입니다. 스펙이 자기 과시, 자신이 이룬 경력과 업적을 붙들고 사는 삶이라면 영적 스토리는 주님과 함께 하는 삶입니다. 우리의 삶을 세상적인 이야기인 스펙 즉 외적인 조건과 경력으로 채우고 살아서는 안됩니다. 이제는 세상의 이야기가 아닌 주님과 함께 만들어가는 영적 스토리로 우리의 삶을 채워나가야 합니다. 사도 바울은 우리가 채워나가야 할 세 가지 영적 스토리를 소개합니다.

하나님을 아는 지식

"또한 모든 것을 해로 여김은 내 주 그리스도 예수를 아는 지식이 가장 고상하기 때문이라 내가 그를 위하여 모든 것을 잃어버리고 배설물로 여김은 그리스도를 얻고"(빌3:8)

사도 바울이 소개하는 첫 번째 스토리는 예수 그리스도를 아는 지식입니다. 자신이 그동안 쌓아왔던 모든 스펙들을 배설물로 여길 수 있었던 이유는 다름 아닌 내 주 그리스도를 아는 지식 때문입니다. 그 지식이 가장 고상하기 때문에 자신은 세상에 다른 어떤 것과도 바꿀 수 없다고 고백하고 있습니다.

옛날 독일의 어느 신학교, 설교학 시간에 일어났던 일입니다. 학생들이 한 명씩 돌아가면서 설교를 하고 그 후에 학생들이 질문과 평가가 있고 마지막으로 교수님이 평가하고 점수를 주었습니다.

수강생 중에 아주 덩치가 큰 학생이 있었습니다. 그는 영리하지도 않으며 말도 더듬거리는 인기 없는 학생이었습니다. 그 학생의 차례가 다가왔습니다. 아무리 생각해도 자신이 없었습니다. 그래서 그 전날 교수님을 찾아가 부탁했습니다.

"교수님, 아무래도 저는 설교에 자신이 없습니다. 그러니 제가 학교에서 장작을 팬다든지 물긷는 일 등을 대신시키시고, 설교하는 것을 면하게 해 주시지 않겠습니까?" 교수님이 이를 승인할 리가 없었습니다. 어쩔 수 없이 그는 다음 날 강단에 올라섰습니다. 반짝이는 수많은 눈동자들 때문에 정신이 아찔하고 눈앞이 캄캄했습니다. 그는 자기도 무슨 말을 하는지 모른 채 이렇게 말했습니다.

"여러분, 오늘 제가 이 자리에서 무슨 설교를 할지 아시겠습니까?”

학생들은 모두 모른다고 대답했습니다.

그러자 그가 “여러분이 모르는 것을 전들 어떻게 알겠습니까?”하고는 강단을 내려와 버렸습니다. 교수님은 화가 나 다음 주 설교학 시간에 다시 설교하라고 명령했습니다.

그 다음 주 설교학 시간이 되어 어쩔 수 없이 그는 강단에 올랐습니다. 그는 이번에도 여전히 정신을 차릴 수 없었습니다. 그래서 지난번처럼 “제가 무슨 설교를 할 것 같습니까?” 하고 물었습니다. 학생들은 전번과 같이 “전들 어떻게 알겠습니까?”하고 내려갈 것이라고 생각하고는 서로 눈짓하며 “예, 압니다.”하고 한 목소리로 대답했습니다.

그러자 그 학생이 말했습니다.

“여러분이 다 아신다고 하니 제가 다시 말할 필요가 없겠지요?”하고는 내려가 버렸습니다. 교수님은 아주 화가 나서 호통치며 말했습니다.

“마지막으로 한 번만 더 기회를 줄 테니 잘 준비하게. 그렇지 않으면 실격을 시키겠네."

그 학생은 그 다음 시간에도 강단에 올라서게 되었습니다. 같은 반의 학생들은 서로 모여 의견을 맞추었습니다.

"우리가 모른다고 하면 자기도 모른다고 하고 내려가고 우리가 안다고 하면 다 아니까 말할 필요가 없다고 하고 내려갔으니까 절반은 안다고 대답하고, 나머지 절반은 모른다고 대답하자. 그러면 어쩔 수 없이 설교하게 되겠지."

예상했던 대로 그 학생은 똑같은 질문을 던졌습니다. 그러자 학생들은 미리 의논한 대로 절반은 '안다' 고 대답하고 다른 절반은 '모른다' 고 대답했습니다. 그러자 그 학생은 "여기에 아는 사람도 있고 모르는 사람도 있는 모양인데, 그러면 아는 사람이 모르는 사람에게 알려 주시기 바랍니다." 하고는 또 내려가 버렸습니다.

이를 본 교수님에게 깨달음이 왔습니다.

"그렇다! 설교란 아는 사람이 모르는 사람에게 말해 주는 것이다. 그런데 나는 지금까지 모르는 것도 아는 것처럼 말하지 않았는가? 또한 아는 것도 귀찮다고 모르는 사람에게 알려주지 않은 때가 얼마나 많았던가!"

자신을 반성한 교수님은 설교학 강의실 앞에 크게 써서 붙였습니다.

"설교란 아는 사람이 모르는 사람에게 말해 주는 것이다!"

이 말이 나중에는 그 신학교의 표어로 채택이 되었습니다.

내가 분명히 알아야 모르는 사람에게 줄 수 있습니다. 사도 바울은 그 속에 예수 그리스도를 아는 지식으로 가득 차 있었습니다. 왜냐하면 그는 예수 그리스도를 아는 지식이 가장 고상함을 알았기 때문입니다. 그래서 그는 자신이 아는 그 지식을 전하기 위해 자신의 모든 삶을 투자했습니다. 자신이 만났고 자신이 발견한 바로 그 예수 그리스도, 자신의 영적스토리의 전부인 예수 그리스도를 위해 그는 모든 것을 잃어버리는 것이 전혀 두렵지 않았습니다.

제임스 패커 목사님은 〈하나님을 아는 지식;Knowing God〉이라는 책에서 하나님을 아는 지식이란 '하나님에 관한 지식' 이 아니라 '하나님을 경험하여 그분을 진정으로 아는 지식' 이라고 말했습니다.

제임스 페커는 질문합니다.

"우리는 무엇을 위해 창조되었는가?

하나님을 알기 위하여!

우리는 인생에서 어떤 목표를 세워야 하는가?

하나님을 아는 것!

예수님이 주시는 영생이란 무엇인가?

하나님을 아는 것!

삶에서 기쁨과 만족을 주는 최고의 것은 무엇인가?

하나님을 아는 지식!

인간이 하나님께 드리는 가장 큰 기쁨은?

하나님을 아는 것!"

하나님을 아는 약간의 지식이 하나님에 대한 많은 양의 지식보다 값지다고 말합니다.

즉 '하나님은 이런 일을 하셨다더라' 가 아니라 '하나님은 내게 이런 일을 하셨다' 고 고백하는 사람이 하나님을 경험한 사람입니다. 우리에게 필요한 것은 하나님에 대한 지식이 아닙니다. 우리가 채워나가야 할 영적스토리는 예수그리스도에 대한 지식이 아닙니다. 정말 우리에게 필요한 지식은 예수 그리스도를 인격적으로 경험하는 것입니다. 나의 약한 부분을 터치하신 주님의 손길을 느끼는 것입니다. 내 삶을 인도하시고 도우시는 주님의 은혜를 발견하는 것입니다. 내 삶에 말씀하시는 주님의 음성을 듣는 것입니다. 이러한 지식으로 우리의 영적 스토리를 채워나가야 합니다. 그 주님을 만난 경험으로 채워진 영적 스토리가 우리로 하여금 진정한 행복과 기쁨을 발견하게 할 것입니다.

매일 하나님께서 내 삶에 하신 일들을 발견하십시오. 매일 하나님이 나에게 하시는 말씀에 귀를 기울이십시오. 그러한 삶이 하나님이 인도하시는 영적 스토리의 삶입니다.

약함을 자랑하기

　스펙은 일반적으로 성공에 대한 세상 이야기를 모아놓은 것입니다. 내 삶 가운데 찾아오는 실패와 좌절에 대해서는 절대 쓸 수 없는 곳입니다. 살다보면 실패와 좌절도 오지만 스펙을 쌓아가는 사람들은 그것을 숨기고 남들에게 자랑할 만한 요소들만 나열해야 합니다. 그래서 스펙을 쌓아가는 사람들은 가면을 쓸 수밖에 없습니다. 자신의 모든 삶을 성공으로 포장해야 하기 때문입니다. 그래서 늘 불안하고 초조하고 성공하지 못하는 자신을 용납하지 못하고 경쟁에서 뒤처지는 자신을 가만히 두지 못합니다.

　그러나 영적 스토리는 사도 바울의 고백처럼 그리스도의 고난에 참여한 이야기(10절), 그의 죽으심을 본받아 살아간 이야기를 기록할 수 있습니다. 즉 내가 실패하고 좌절하고 절망하고 아파하는 이야기입니다. 왜냐하면 그 속에 하나님의 만지심과 은혜가 있기 때문입니다.

　지금 우리가 당하고 있는 고난과 지금 여러분들이 경험하고 있는 죽음과 같은 고통은 주님과의 영적 스토리를 만들어가는 과정입니다. 스펙에게 실패는 감추고만 싶은 기억이지만 영적 스토리에게 실패는 자랑하고픈 경험입니다. 스펙이 자기과시라면 스토리는 감동 그 자체입니다. 그 스토리를 듣는 사람, 읽는 사람들에게 하나님의 감동이 임하는 것입니다. 그래서 사도 바울은 자신의 약함을 부끄러워하지 아니하고 자랑하고 있습니다 (고후12:9).

예인건축연구소의 소장(CEO)이며 건축 인테리어 디자이너인 이효진 이라는 분이 쓴 〈네 약함을 자랑하라〉라는 책이 있습니다.

그녀는 세 살 아기 때 끓는 주전자를 엎어 얼굴에 3도 화상을 입게 되었습니다. 예민하고 민감한 여자 아이에게 3도 화상으로 인해 일그러진 얼굴은 사람들의 놀림과 따돌림의 대상일 수밖에 없었습니다.

평생을 괴롭혀온 화상의 상처 때문에 폭식증과 일중독에 시달리기도 하고 심지어 자살을 시도하기도 했습니다. 그랬던 그녀가 하나님을 만나고 진정한 사랑을 깨닫게 되고, 특히 신약 성경의 대부분을 쓴 바울 사도가 고백했던 것처럼, "네 약함을 자랑하라"(고후12:9)는 성령 하나님의 말씀을 따라 자신을 평생 괴롭혔던 화상의 상처를 오히려 자랑함으로써, 오히려 하나님 나라를 전하는 홍보대사가 되었습니다.

그녀는 이제 자신을 숨기지 않습니다. 자신의 상처를 극복하고 오히려 자신을 '하나님 나라 미스 헤븐'이라고 당당하게 소개합니다. 화상 입은 외모는 그의 약함이 분명하지만, 오히려 그것을 자랑할 때 그리스도의 능력이 그에게 머물게 되었다고 그녀는 말합니다. 그녀는 이렇게 말합니다.

"만약 화상을 입지 않고 정상적인 모습으로 살다가 예수님을 만나지 못하고 지옥에 간다면 나는 차라리 지금의 삶을 택하고 싶습니다. 예수님 없는 내 삶은 지옥이었습니다. 예수님 없는 다치지 않은 얼굴과 예수님을 만난 화상 입은 얼굴 두 가지 중 하나를 택하라고 한다면 나는 후자(後者)를 선택할 것입니다. 내가 자랑할 것은 상처 입은 얼굴밖에 없습니다. 얼굴 때문에 많은 아픔이 있었지만, 내 아픔과는 비교조차 할 수 없는 놀라운 사랑, 무엇과도 바꿀 수 없는 하나님의 사랑을 얻었습니다."

우리의 영적 스토리 안에 아픔과 상처, 약함과 실패는 이제 더 이상 우리를 괴롭히는 도구가 아닌, 하나님과의 영적 스토리를 써내려가는 주제가 된다는 것을 잊지 마십시오. 더 이상 우리의 삶을 세상적인 성공이라는 스펙 가면 속에 가두어두려고 하지 마십시오. 가면을 쓰고 남들에게 보여지기 위한 인생이 아닌, 진실하게 내 약함과 고난을 자랑하고 하나님과의 영적 스토리를 써내려가야 합니다.

His story와 History

"내가 이미 얻었다 함도 아니요 온전히 이루었다 함도 아니라 오직 내가 그리스도 예수께 잡힌 바 된 그것을 잡으려고 달려가노라"(빌3:12)

하나님께서는 사도 바울을 붙드셨고, 그를 통해 세상 속에 하나님의 스토리를 펼쳐나가십니다. 하나님이 그토록 꿈꾸시고,

보여주고 싶은 바로 그 이야기를 하나님께서 바울을 통해 그의 이야기를 시작하셨습니다.

하나님은 사명지렛대를 붙들고 살아가는 우리를 붙잡으시기를 원하십니다. 그리고 하나님의 이야기를 세상 속에 들려주시기를 원하십니다. 우리의 사명은 하나님이 세상 속에 그토록 말씀하기 원하시는 그분의 이야기(His story)를 세상 속에 전하는 것입니다. 하나님이 우리를 통해 세상 속에 전하기 원하시는 그분의 이야기가 바로 하나님이 세상속에 만들어가시는 히스토리(History)입니다.

하나님은 우리를 붙드시고 우리를 통해 세상의 역사를 바꾸어가기를 원하십니다. 이제 우리의 남은 인생의 영적 스토리 안에 하나님의 이야기를 써 내려 가십시오. 하나님이 우리를 통해 일하시는 이야기 바로 그분의 이야기(His story), 세상의 역사를 이제 우리가 써야 할 차례입니다. 우리가 살아가는 인생이 바로 하나님이 그렇게 세상 속에 보여주고 싶으신 하나님의 이야기 바로 히스토리(History)입니다.

스펙과 스토리 빌3:4-12

스펙이 자기 과시, 자신이 이룬 경력과 업적을 붙들고 사는 삶이라면 영적스토리는 주님과의 이야기입니다. 최고(the best)의 이야기가 아닌 유일(the only)한 이야기입니다. 사도 바울은 우리가 채워나가야 할 세가지 영적스토리를 소개합니다.

1. 영적스토리의 내용: 그리스도 예수를 아는 지식

바울이 그동안 쌓아왔던 모든 스펙들을 배설물로 여길 수 있었던 이유는 그리스도 예수를 아는 지식 때문이었습니다. 그의 마음 속에는 예수그리스도를 아는 지식으로 가득 차 있었습니다. 왜냐하면 그는 예수그리스도를 아는 지식이 가장 고상함을 알았기 때문입니다. 그래서 그는 자신이 아는 바로 그 지식을 전하기 위해 자신의 모든 삶을 투자했습니다. 자신이 만났고 자신이 발견한 바로 그 예수그리스도, 자신의 영적스토리의 전부인 바로 예수그리스도를 위해 그는 모든 것을 잃어버리는 것이 전혀 두렵지 않았습니다.

2. 영적스토리의 주제: 약함과 실패

스펙에는 성공에 대한 세상이야기로 가득차 있습니다. 그러나 영적스토리에는 사도바울의 고백처럼 그리스도의 고난에 참여한 이야기(10), 그의 죽으심을 본받아 살아간 이야기들로 가득차 있습니다. 스펙에게 실패는 감추고만 싶은 기억이지만 영적스토리에게 실패는 자랑하고픈 경험입니다. 스펙이 자기과시라면 스토리는 감동 그 자체입니다. 그 스토리를 듣는 사람, 읽는 사람들에게 하나님의 감동이 임하는 것입니다. 그래서 사도바울은 고린도후서12:9절에 자신의 약함을 부끄러워하지 아니하고 자랑합니다. 우리의 영적 스토리 안에 아픔과 상처, 약함과 실패는 이제 더 이상 우리를 괴롭히는 도구가 아닌 하나님과의 영적스토리를 써내려가는 주제가 된다는 것을 잊지 마십시오. 더 이상 우리의 삶을 세상적인 성공이라는 스펙 가면속에 가두어두려고 하지 마십시오. 가면을 쓰고 남들에게 보이기 위한 인생이 아닌 진실하게 내 약함과 고난을 자랑하고 하나님과의 영적스토리를 써 내려가십시오.

3. His story와 history

하나님께서는 사도 바울을 붙드시고 바울을 통해 세상가운데 하나님의 이야기를 하기 원하셨습니다. 하나님이 그토록 꿈꾸시고 세상속에 보여주고자 하신 바로 그 이야기를 하나님은 바울을 붙잡아 그를 통해 그의 이야기를 시작하셨습니다. 우리의 사명은 하나님이 세상속에 말씀하시는 바로 그분의 이야기 His story를 전하는 사명입니다. 하나님이 우리를 통해 세상속에 전하기 원하시는 그의 이야기가 바로 히스토리(History), 세상의 역사입니다. 하나님은 우리를 붙드시고 우리를 통해 세상의 역사를 바꾸어가기 원하십니다. 하나님이 우리를 통해 일하시는 이야기 바로 His story, 세상의 역사를 이제 우리가 써야 할 차례입니다. 우리가 살아가는 인생이, 세상이 바로 History입니다.

9. 하나님의 지팡이 출4:19-26

닉 부이치치의 사명

1982년 호주 브리즈번에서 목사의 아들로 태어난 닉 부이치치는 머리와 몸통, 작은 왼발과 발가락 두 개만을 가지고 태어났습니다. 그러나 일반 대학에서 회계학과 재무학을 전공했고 미국 로스앤젤레스에 비영리단체 '사지 없는 인생'(Life without Limbs)을 만들고 세계 곳곳을 다니며 많은 사람에게 용기를 주는 희망 전도자로 활동하고 있습니다.

한번은 닉 부이치치가 미국 오렌지카운티에서 강연을 하고 있을 때 그는 놀라운 경험을 하게 됩니다. 그것은 자신과 똑같이 두 팔과 두 다리가 없는 19개월짜리 '다니엘'이라는 아이를 만난 것이었습니다. 다니엘의 부모는 닉을 보면서 자신의 아이에 대한 희망과 비전을 보게 되었습니다. 닉이 한 것처럼 자신의 아들 다니엘도 할 수 있다는 확신이 들었습니다. 그래서 만 3살의 다니엘은 닉이 헤엄치는 것을 보고 수영을 연습하고 유치원에 다닙니다. 자신과 같은 모습의 작은 소년 다니엘이 자신을 보며 희망을 찾는 것을 보고 닉은 하나님께서 자신을 이 세상에 보내주신 이유를 알게 되었습니다.

그는 말합니다.

"만일 나에게 팔과 다리가 없는 이유가 한 영혼을 구하기 위함이라면 그 모든 것이 가치가 있습니다. 그래서 감사합니다."

그날 닉은 자신의 친구들에게 이렇게 말했습니다.

"오늘 이후로 나에게 더 이상 좋은 일이 생기지 않아도 난 괜찮아. 왜냐하면 내가 방금 영광스러운 일에 사용되었다는 걸 알았기 때문이야."

닉은 자신과 같은 사람이 쓰임 받을 수 있다는 사실을 상상하지 못했습니다. 더군다나 자신과 같은 질병을 안고 태어난 다니엘이 자신을 보며 희망을 안고 살아간다는 것에 그는 큰 도전을 받았습니다. 닉은 몰랐지만 하나님은 그를 통해 하실 일을 어쩌면 그가 태어나기 전부터 준비해 두셨습니다.

이것이 바로 사명입니다. 어쩌면 닉 부이치치처럼 우리 모두는 살아있다는 그 자체 하나만으로 사명을 감당하고 있는 것입니다. 누군가가 나의 모습을 통해 희망을 품고 용기를 가진다면 사명을 감당하고 있는 것입니다. 이 세상에 살아있는 사람들 가운데 사명없이 존재하는 사람은 아무도 없습니다. 그러므로 내가 지금 살아있다는 것은 나에게 사명이 있음을 보여주는 반증입니다.

하나님의 지팡이

그런데 하나님이 우리에게 사명을 주신다고, 내가 그 사명을 알고 있다고, 사명을 감당할 수 있을까요?

우리는 본능적으로 내가 감당해야 할 사명에 대한 두려움이 있습니다.

"모세가 대답하여 이르되 그러나 그들이 나를 믿지 아니하며 내 말을 듣지 아니하고 이르기를 여호와께서 네게 나타나지 아니하셨다 하리이다"(출 4:1)

하나님께서는 모세를 출애굽의 지도자로 세우시려고 했지만 모세는 자신의 능력으로는 애굽의 바로와 맞설 힘과 능력이 없다고 생각했습니다. 또 자신이 무슨 말을 해도 그들이 믿어주지 않을 것이고, 들으려고 하지 않는다는 것도 알았습니다. 다시 말해 지금 자신의 신분과 능력으로는 애굽의 바로 앞에 설 수 없다고 판단했습니다. 이러한 두려움이 바로 하나님이 주시는 사명 앞에 우리가 직면하는 두려움입니다. 아무리 생각해보아도 내가 할 수 없는 조건만 우리 눈에 보이기 때문입니다.

"너는 이 지팡이를 손에 잡고 이것으로 이적을 행할지니라"(출 4:17)

그런데 하나님께서는 모세에게 그의 손에 잡은 지팡이를 통해 바로에게 이적을 행하라고 말씀하십니다.

무능력 때문에 사명을 감당할 수 없다고 하자 하나님은 모세에게 능력의 지팡이를 주셨습니다. 그 지팡이는 하나님의 이적을 일으키는 지팡이입니다. 하나님의 능력의 상징입니다. 하나님의 말씀대로 그 지팡이를 땅에 던졌을 때 뱀으로 변하는 이적을 모세는 경험했습니다(출4:3).

하나님 지팡이를 주셨다는 것은 너의 무능력을 핑계하지 말라는 하나님의 말씀입니다. 왜냐하면 능력은 하나님께 있기 때문입니다. 우리가 할 일은 하나님의 지팡이를 손에 잡는 것입니다. 그러면 우리가 염려하고 걱정하는 문제가 사라집니다.

실제로 모세는 그 지팡이를 가지고 바로 앞에서 뱀을 만듭니다. 그리고 그 지팡이로 나일강을 쳐서 피로 만들어 버립니다(출7:20). 또 지팡이를 내밀었을 때 개구리들이 애굽 땅으로 올라옵니다. 또 지팡이를 들어 땅의 티끌을 쳤더니 애굽 온 땅에 이가 생겨나게 되었습니다. 그 이후로도 모세가 손을 내밀매 그 땅에 다른 재앙들이 몰려오게 되었습니다.

나의 지팡이와 하나님의 지팡이

하나님이 주시는 사명을 감당함에 있어 나의 무능력은 문제가 되지 않습니다. 나는 부족하지만 하나님의 지팡이만 손에 잡으면 됩니다. 하나님은 사명의 길을 떠나는 우리에게 하나님의 지팡이를 주십니다. 두려워말고 그 지팡이를 잡으면 됩니다.

"모세가 그의 아내와 아들들을 나귀에 태우고 애굽으로 돌아가는데 모세가 하나님의 지팡이를 손에 잡았더라"(출4:20)

그런데 지금 모세가 들고 있는 그 지팡이는 하나님의 지팡이입니다. 갑자기 하늘에서 떨어진 지팡이가 아닙니다. 그렇다고 하나님이 그를 위해 준비해 주신 지팡이도 아닙니다. 그 지팡이는 목자인 모세가 늘 지니고 있던 도구였습니다.

필립 켈러라는 사람은 목자가 손에 들고 있는 지팡이에 대해 이렇게 설명합니다.

"첫째, 그 지팡이는 무기입니다. 목자는 그 지팡이로 늑대나

들개 같은 맹수들을 쫓는가 하면 양 떼를 괴롭히는 뱀을 때려 죽이는 도구로 그 지팡이를 사용합니다.

둘째, 그 지팡이는 양의 상태를 살피는 도구입니다. 목자는 지팡이로 양의 피부 상태와 털의 정결여부 그리고 몸의 건강 상태를 측정하게 됩니다.

셋째, 그 지팡이는 목자 자신의 몸을 의지할 때 사용하는 도구입니다. 하루 종일 양 떼를 돌보느라 지친 목자들은 지팡이에 의지하며 양떼들을 돌본다는 것입니다.

다시말해 이 지팡이는 자신의 생업(목축)을 위해 중요한 도구이며, 자신의 몸을 의지하기 위해 사용된 도구였습니다. 그런데 모세 자신이 하나님의 사명을 가지고 걸어가게 되니까 그 지팡이가 하나님의 지팡이가 된 것입니다. 우리가 볼 때는 아무런 능력도 없는 딱딱하고 볼품없는 막대기가 하나님이 주시는 사명의 길을 걸어갈 때 하나님의 기적을 일으키는 도구가 되는 것입니다. 어쩌면 그 마른 지팡이는 현재 우리의 모습과도 같습니다. 그러나 마른 막대기같은 우리도 하나님께 쓰임받게 되면 하나님의 기적을 보여주는 도구가 된다는 것을 잊지 말아야 합니다.

"여호와께서 모세에게 이르시되 네가 애굽으로 돌아가거든 내가 네 손에 준 이적을 바로 앞에서 다 행하라. 그러나 내가 그의 마음을 완악하게 하겠고 그가 백성을 보내주지 아니하겠다"(출4:21)

하나님의 지팡이로 놀라운 이적을 일으키면 바로가 그 능력 앞에 항복하고 당당하게 백성들을 데리고 나와야 멋진 그림입니다. 그런데 하나님은 모세에게 말씀하시기를 지팡이로 이적을 베풀수록 바로의 마음이 더욱 완악하게 되고 백성을 내어보내지 않겠다고 말씀하십니다. 뭔가 이상하지 않습니까?

이 본문은 이렇게 바뀌어져야 맞는 것 같습니다.

"여호와께서 모세에게 이르시되 네가 애굽으로 돌아가거든 내가 네 손에 준 이적을 바로 앞에서 다 행하라. 그러면 바로가 순순히 네 백성들을 보내주리라."

그런데 하나님의 생각은 달랐습니다. 하나님의 능력의 지팡이로 이적을 행하면 행할수록 더 바로의 마음이 완악해진다는 것입니다. 왜 이런 일이 일어날까요?

"너는 바로에게 이르기를 여호와의 말씀에 이스라엘은 내 아들 내 장자라 내가 네게 이르기를 내 아들을 보내 주어 나를 섬기게 하라 하여도 네가 보내 주기를 거절하니 내가 네 아들 네 장자를 죽이리라 하셨다 하라 하시니라"(출 4:22-23)

그것은 하나님께서 바로와 이스라엘 백성들에게 하나님의 말씀을 들려주기 위함입니다. 이스라엘은 하나님의 장자인데 그 장자를 430년간 잃어버린 하나님의 아픔과 마음을 보여주시기 위해 애굽의 모든 장자를 치시겠다는 것입니다. 하나님이 궁극적으로 원하셨던 것은 하나님의 능력을 보여주시기 위함이 아니었습니다. 정말 하나님이 원하셨던 것은 하나님의 말씀을 그들에게 들려주시는 것입니다.

마지막 승부수

때때로 초자연적인 기적과 능력이 필요할 때가 있습니다. 사람들의 주목을 끌 수 있기 때문입니다. 그러나 그것들이 우리의 근본적인 문제를 해결해주는 것이 아닙니다. 사람들은 더 큰 기적과 능력을 요구할 뿐입니다.

바로를 보십시오. 하나님이 마지막으로 제시하신 장자 죽음의 재앙이 오기 전까지 그는 아홉 번이나 이적을 보면서도 거절합니다. 이것이 사람의 모습입니다. 자신이 상상하지 않았던 기적 앞에 잠시 움찔하지만 조금 시간이 지나면 또 본래의 모습으로 돌아가 버립니다. 지팡이의 기적이 백성들을 구원할 수 있는 것이 아닙니다.

하나님은 모세가 애굽에서 하나님의 말씀을 들려주기를 원하셨습니다. 그 말씀이 애굽의 바로에게도, 애굽 속에 살아가는 이스라엘 백성에게도, 심지어 하나님과 상관없이 살아가는 애굽 사람들에게도 들려지기를 원했습니다. 왜냐하면 하나님의 말씀만이 우리가 세상속에 던질 수 있는 마지막 승부수이기 때문입니다.

모세가 바로 앞에 보여주었던 열 재앙을 보면 아홉 가지 재앙에는 모세가 지팡이를 들던지, 아니면 손을 들었습니다. 그러나 마지막 장자죽음의 재앙부분은 지팡이나 손을 들지 않았습니다. 그는 순수하게 하나님의 말씀만 전합니다. 그리고 하나님의 말씀이 선포될 때 하나님이 일하셨고 마침내 바로가 항복하게 되었습니다. 말씀만이 우리가 세상에 던질 승부수입니다.

하나님의 목적

출애굽 후 광야로 들어선 이스라엘 백성들은 불기둥과 구름기둥으로 인도하시는 하나님의 기적을 경험했습니다. 홍해가 갈라지고 자신들이 그 갈라진 홍해 사이로 걸어가는 기적을 보았습니다. 만나와 메추라기의 기적을 보았고, 반석에서 물이 나오는 기적을 보았습니다. 그러나 또 시간이 지나면 그들의 모습은 예전처럼 불평하고 원망하는 삶으로 돌아가고 말았습니다. 그때 하나님은 말씀하십니다.

"네게 광야 길을 걷게 하신 것은 너를 낮추시며 너를 시험하사 네 마음이 어떠한지 그 명령을 지키는지 알려하심이라 너를 낮추시며 너를 주리게 하시며 또 너도 알지 못하며 네 조상들도 알지 못하던 만나를 네게 먹이신 것은 사람이 떡으로만 사는 것이 아니요 여호와의 입에서 나오는 모든 말씀으로 사는 줄을 네가 알게 하셔 하심이라"(신8:2-3)

하나님의 목적은 능력과 기적을 보여주는 것이 아닙니다. 그 능력과 기적을 보여주는 목적은 하나님의 말씀을 들려주기 위함입니다. 그러므로 사명의 길을 걸어가는 우리가 붙들어야 하는 것은 하나님의 말씀입니다. 그 말씀을 붙들어야 우리는 실망하지 않고 절망하지 않습니다.

모세를 보십시오. 그는 10번이나 바로 앞에 서야 했습니다. 번번이 실패했지만 그가 또 다시 바로 앞에 설 수 있었던 이유는 하나님의 말씀을 붙들었기 때문입니다.

하나님의 타이밍

하나님이 몇 번째 재앙으로 백성들을 구원하실지 모세는 몰랐습니다. 그러나 그는 하나님께서 장자의 죽음을 통해 백성들을 건져내신다는 것을 알았습니다. 그래서 그는 포기하지 않았습니다. 그는 하나님의 말씀을 붙들었습니다. 하나님의 말씀을 붙들었더니 하나님의 타이밍을 볼 수 있게 되었습니다.

모세는 바로의 완악함 때문에 좌절하지 않았습니다. 지금 자신이 바라는 일이 이루어지지 않아도 실망하지 않았습니다. 더 큰 환란과 고난이 와도 포기하지 않았습니다. 왜냐하면 하나님의 말씀을 붙들었기 때문입니다. 말씀만 붙들면 됩니다. 세상은 우리를 향해 완악함과 악함을 드러냅니다. 그때마다 포기하고 절망하지 말고 하나님의 말씀만 붙드십시오.

"여호와께서 이르시되 그것을 땅에 던지라 하시매 곧 땅에 던지니 그것이 뱀이 된지라 모세가 뱀 앞에서 피하매 여호와께서 모세에게 이르시되 네 손을 내밀어 그 꼬리를 잡으라 그가 손을 내

밀어 그것을 잡으니 그의 손에서 지팡이가 된지라"(출4:3-4)

하나님께서 모세에게 지팡이를 던지라고 말씀하십니다. 그랬더니 그 지팡이가 뱀으로 변하게 됩니다. 모세가 뱀 앞에서 피합니다. 그러자 하나님께서 "네 손을 내밀어 그 뱀 꼬리를 잡으라"고 말씀합니다. 뱀을 잡으려면 막대로 머리가 있는 곳을 눌러야 합니다. 그래야 물리지 않습니다. 꼬리를 잡으면 뱀이 머리를 돌려서 자신을 물 수도 있습니다. 그런데 하나님은 모세에게 뱀 꼬리를 잡으라고 말씀하십니다. 두려웠지만 모세는 그 말씀에 순종했고 다시 뱀이 지팡이로 변하는 것을 경험했습니다. 하나님의 말씀만 붙들면 됩니다.

"모세가 여호와께 아뢰되 오 주여 나는 본래 말을 잘 하지 못하는 자니이다 주께서 주의 종에게 명령하신 후에도 역시 그러하니 나는 입이 뻣뻣하고 혀가 둔한 자니이다"(출4:10)

모세는 자신이 입이 뻣뻣하고 혀가 둔한 자라고 자신의 자질의 문제로 하나님의 사명을 거절했습니다. 그러나 하나님은 광야 40년 동안 말 못하는 모세의 핸디캡을 바꾸시지 않으셨습니다. 왜냐하면 그가 말을 잘하고 못하는 것이 중요한 것이 아니라 하나님의 말씀만 붙들면 되기 때문입니다. 하나님의 말씀만 백성들에게 전하면 되기 때문입니다. 자질이 문제가 아닙니다. 얼마나 하나님의 말씀을 붙드는가 하는 것입니다. 하나님의 말씀을 붙들고 하나님이 주신 사명의 길을 걸어가야 합니다.

거룩함의 면역체계

"모세가 길을 가다가 숙소에 있을 때에 여호와께서 그를 만나사 그를 죽이려 하신지라 십보라가 돌칼을 가져다가 그의 아들의 포피를 베어 그의 발에 갖다 대며 이르되 당신은 참으로 내게 피 남편이로다 하니 여호와께서 그를 놓아 주시니라 그 때에 십보라가 피 남편이라 함은 할례 때문이었더라"(출4:24-26)

모세가 이제 사명의 길을 걸어갑니다. 그런데 황당한 사건 하나가 발생합니다. 그것은 하나님이 갑자기 모세를 죽이려는 사건입니다. 사명을 가지고 가라고 하신 분이 갑자기 사명자를 죽이려고 하는 이러한 해프닝이 벌어지고 있습니다. 그때 모세의 아내인 십보라가 돌칼을 가져다가 그의 아들의 포피를 베어 할례를 실시합니다. 그랬더니 여호와께서 그를 놓아주셨습니다. 아마도 광야에서 태어나고 자란 아들의 할례 즉 부정한 것을 잘라내는 결단을 하지 않은 것이 문제가 되었습니다.

어쩌면 하나님이 주신 사명을 가지고 걸어가야 하는 자들이 가장 소홀히 여기는 부분 가운데 하나입니다. 사명의 자리도 하나님이 주시고, 사명을 감당하기 위한 지팡이와 말씀도 하나님이 주시지만 반드시 우리 스스로 결단하고 붙들어야 하는 것이 있습니다. 그것이 바로 사명자의 거룩함입니다. 아직 잘라내지 못한 거룩하지 못한 부분들을 잘라내야 합니다. 때를 놓치면 안됩니다. 지금까지 방치해도 아무런 문제가 없었다고 계속 방치해 두어서는 안됩니다.

하나님은 지금 우리가 이 거룩함의 결단을 하기를 원하십니다. 거룩의 면역 체계가 세워지기를 원하십니다.

거룩함이란 면역 체계와 같습니다. 죄라는 바이러스가 우리의 주변에 다가오기만 해도 알레르기 반응을 일으켜야 합니다. 죄에 노출되면 고통스러운 알레르기 반응을 해야 합니다. 그런데 지금 우리의 영적상태가 거룩의 면역 체계가 무너져서 죄에 노출되어도 아무런 반응이 없고 행복해하고 있다면 지금 우리는 심각한 영적 위기에 처해 있음을 알아야 합니다. 거룩함의 결단을 하십시오. 거룩함의 문제는 가장 소홀히 해도 되는 문제가 아니라 내 영이 죽고 사는 문제입니다.

하나님의 사명지렛대를 붙들고 세상을 들어올리기를 원하십니까? 하나님의 지팡이를 손에 잡고 가십시오. 하나님의 말씀을 기억하고 붙드십시오. 그리고 지금 거룩함의 결단을 하십시오. 그럴 때 당신은 사탄의 강력한 세력이 홍해 앞바다에 수장당하는 기적을 보게 될 것입니다.

하나님의 지팡이 출4:19-26

1. 하나님의 지팡이

하나님의 사명을 받은 모세는 거대한 두려움 앞에 직면하게 됩니다. 자신의 능력으로는 애굽의 바로와 맞설 만한 힘이 없다는 것을 알았기 때문입니다.

또한 자신이 무슨 말을 해도 그들이 믿어주지 않을 것이고 들으려고 하지 않는다는 것도 알았습니다. 그래서 모세는 자신의 무능력에 대한 두려움으로 하나님이 주신 사명을 거절합니다.

그러나 하나님은 말씀하십니다. 능력이 우리 손에 있는 것이 아니라 하나님께로부터 나오기에 하나님의 지팡이를 손에 잡고 가라는 것입니다. 쓰임받기 전에는 마르고 볼품없는 지팡이에 불과했지만 모세가 하나님께 붙들리고 하나님의 사명의 길을 걸어가니 그 지팡이가 하나님의 지팡이가 되어 하나님이 일으키시는 이적의 진원지가 되었습니다.

그러므로 내가 하나님이 주신 사명에 순종하고 걸어갈 때 하나님이 나에게 주신 모든 것들은 하나님이 기적을 일으키는 도구가 된다는 것을 기억해야 합니다. 심지어 마른 막대기 같은 우리도 하나님께 쓰임받게 되면 하나님의 기적을 보여주는 도구가 된다는 것을 반드시 믿어야 합니다.

2. 하나님의 말씀

하나님의 지팡이로 이적을 일으키면 당연히 그 능력 앞에 바로가 굴복해야 하는데 반대로 바로의 마음이 더욱 더 완악하게 되고 백성을 내어보내지 않을 것이라고 하나님께서 말씀하십니다. 실제로 바로는 하나님이 마지막으로 제시하신 장자 죽음의 재앙이 오기 전까지 아홉 번이나 이적을 보면서도 그의 마음은 더욱 더 완악해집니다.

모세의 입장에서는 강력한 하나님의 능력을 보여주었지만 번번이 실패하고 만 것입니다. 그러나 그때마다 모세가 포기하지 않고 다시 일어설 수 있었던 이유는 하나님의 말씀을 붙들었기 때문입니다. 하나님의 말씀을 붙들었기에 그는 하나님의 타이밍을 보았습니다. 하나님의 말씀을 붙들었기에 세상의 강팍함과 완악함으로 인해 좌절하지 않았습니다.

그래서 우리도 하나님의 말씀을 붙들어야 합니다. 하나님의 말씀을 붙들고 나갈 때 우리는 하나님이 주신 사명을 온전히 감당하게 될 것입니다.

3. 거룩함의 면역체계

사명의 길을 걸어가는 모세에게 하나님께서는 하나님의 지팡이를 주셨고, 하나님의 말씀을 주셔서 그 길을 걸어가게 하셨습니다. 그러나 그 사명의 길을 떠나기 전에 먼저 결단하고 붙들어야 할 한 가지가 있습니다. 그것이 바로 거룩함의 결단입니다. 모세가 사명의 길을 걸어가려고 하는데 하나님이 갑자기 모세를 죽이려고 하십니다. 그때 모세의 아내인 십보라가 돌칼을 가져다가 그의 아들의 포피를 베어 할례를 실시합니다. 그랬더니 하나님께서 그를 살려주십니다. 아마도 광야에서 태어나고 자란 아들의 할례 즉 부정한 것을 잘라내는 결단을 하지 않은 것이 문제였습니다.

하나님의 일을 하려고 하는 자가 거룩하지 못할 때 하나님은 그를 향해 돌진할 수밖에 없습니다. 지금까지 방치해도 아무런 문제가 없었다고 계속 방치해서는 안됩니다. 지금 거룩의 면역 체계를 세워야 합니다. 죄라는 바이러스가 우리의 주변에 다가오기만 해도 알레르기 반응을 일으켜야 합니다. 죄에 노출되면 고통스러운 알레르기 반응을 해야 합니다. 거룩함의 문제는 내 영이 죽고 사는 문제입니다. 매일 자신을 돌아보며 거룩함의 결단을 할 수 있기를 바랍니다.

10. 사역 동사 레10:1-11

사역 동사의 역활

영어 문법에 보면 사역 동사라는 것이 있습니다. 'make, have, let' 와 같은 동사들이 대표적인 것들입니다. 이 동사들은 어떤 일을 하도록 움직이게 만드는 동사라고 해서 사역 동사라고 부릅니다. 그냥 'go' 는 '가다' 는 뜻이 있지만 예를 들어 사역 동사와 함께 쓰이게 되면 'let me go.' 는 '나로 하여금 가게 하라 (나 좀 가게 해줘)', 즉 목적어로 하여금 어떤 일을 하도록 시키는 의미로 사용하게 됩니다.

사역 동사는 사명지렛대로 세상을 들어 올려야 하는 우리의 자화상입니다. 우리는 사역 동사가 되어 세상을 움직여야 합니다. 세상은 가만히 있으려고 합니다. 심지어 크리스천들마저 그냥 세상의 순리대로 살아가려고 합니다. 그러나 사역동사로 부름받은 우리들은 세상을 움직임으로 하나님의 뜻을 온전히 세상 가운데 보여주어야 합니다. 하나님은 이 시대 가운데 사역동사들을 찾고 계십니다. 하나님의 말씀 앞에 절대적으로 순종하며 하나님의 말씀을 따라 살아가는 사역 동사 크리스천들을 찾고 계십니다.

존 비비어(John Bevere)의 순종

사역 동사로 부름받은 우리에게 요구하시는 것은 하나님의 말씀대로 살아가는 것입니다. 그것이 바로 순종입니다.

존 비비어(John Bevere)는 〈순종〉이라는 책에서 순종을 다음과 같이 소개하고 있습니다.

(1) 하나님의 원하시는 순종=100%의 순종

이스라엘 초대 왕인 사울을 보십시오. 그는 아말렉과의 전투에서 하나님의 말씀에 순종하려고 노력했습니다. 하나님께서 선지자 사무엘을 통해 주신 말씀은 '남녀노소를 막론하고 모든 사람을 죽이라' 는 말씀이었습니다. 사울은 말씀대로 모든 사람을 죽였습니다. 그러나 단 한 사람, 즉 그 나라의 아각왕만은 남겨두었습니다. 그는 99%의 순종을 했습니다. 그러나 하나님은 말씀하십니다.

"내가 사울을 왕으로 세운 것을 후회하노니 그가 돌이켜서 나를 따르지 아니하며 내 명령을 행하지 아니하였음이라"(삼상15:11)

사울의 입장에서는 억울해 보입니다. 그는 99%이상의 순종을 했는데 단1%의 불순종을 하나님이 지적하실 때 그는 그것을 받아들이는 것이 쉽지 않았을 것입니다.
'이 정도면 됐지 어떻게 하나님은 나에게 100%를 요구하시는가?'

그러나 기억하십시오. 내가 순종하기로 결심하고 순종을 위해 행동을 하지 않는 바로 그 순간부터 우리는 불순종하고 있는 것입니다.

에덴 동산의 아담과 하와를 보십시오.

하나님께서 동산 중앙에 있는 선악을 알게 하는 나무의 열매를 먹지 말라고 하셨습니다. 아담과 하와는 뱀의 유혹이 오기 전까지 많은 날 동안 하나님의 말씀을 지켰습니다. 그러다가 단 한 번 그 말씀에 순종하지 못하고 불순종했습니다. 그런데 하나님은 그 많은 날 동안 순종보다 단 한 번의 불순종을 용납하지 않으셨습니다.

(2) 순종하는 자=하나님을 아는 지식에 지배된 사람

에덴 동산의 모든 피조물에는 몸을 덮을 어떤 것을 하나님께서 주셨습니다. 네 발 짐승에게는 털이 있고 물고기들에게는 비늘이 있었고, 새들에게는 깃털이 있었습니다. 아담과 하와도 예외가 아니었습니다. 물리적인 옷이나 덮을 것은 없었지만 하나

님은 그들에게 시편 8:5절 말씀처럼 '영화'와 '존귀'로 관을 씌
워주셨습니다. 관을 씌운다는 말은 에워싸거나 둘러싼다는 뜻
입니다. 하나님이 그들에게 입히신 영광은 벌거벗은 몸이 보이
지 않고 가려 줄 정도로 눈부셨습니다.

"그 두 사람이 벌거벗었으나 부끄러워 아니했다"(창2:25)

자의식이 그들을 다스리지 않았습니다. 옷이 필요 없었습니
다. 그러나 불순종하는 순간 상황이 변했습니다. 불순종 전에
는 전적으로 영혼이 지배했으나 불순종한 후에는 육체가 그들
이 생각과 마음을 지배하게 됩니다.

"이에 그들의 눈이 밝아 자기들의 몸이 벗은 줄을 알고"(창3:7)

그들은 이제 이전에 모르던 지식을 소유하게 되었습니다. 타
락 전에는 그들의 지식은 옳고 그름에 따라 사는 것이 아니었습
니다. 그들은 오직 하나님을 아는 지식에 지배되어 살아갔지만
그들의 불순종 이후 그들은 이제 하나님을 아는 지식을 잃어버

리고 옳고 그름을 분별하는 육체적인 지식으로 바뀌고 말았습니다. 옳고 그름의 기준은 하나님이신데 그들의 불순종이 자신들의 기준에서 옳고 그름을 분별하기 시작한 것입니다.

(3) 순종하지 않음=분열

분열이라는 말은 영어로 'division(디비전)'이라는 단어를 사용합니다. 여기서 〈di〉라는 접두어는 '둘'이라는 뜻이고 뒤에 남아있는 비전(vision)이라는 단어와 합쳐져서 '분열'이란 '비전이 두 개'라는 뜻이 됩니다. 비전이 두 개이기에 분열되는 것입니다.

오늘 날 교회 안에서도 하나님의 비전과 세상적인 비전이 함께 있으면 교회는 분열됩니다. 교회가 하나님이 정하신 권위에 순종하지 않으면 분열됩니다. 가정도 마찬가지입니다. 그래서 하나님은 지도자들을 세우시고 그 지도자를 중심으로 하나의 비전으로 교회를 이끌어가고, 가정도 하나님이 세우신 가장을 중심으로 이끌어가야 합니다.

"순종이 제사보다 낫고 듣는 것이 숫양의 기름보다 나으니 이는 거역하는 것은 점치는 것과 같고 완고한 것은 사신 우상에게 절하는 것과 같음이라"(삼상15:22-23)

주목할 것은 거역하는 것을 점치는 것과 같다는 말씀입니다. 그리고 완고한 것은 사신(죽은 신) 우상에게 절하는 것입니다. 거역하는 것, 완고한 것은 자신의 영혼을 하나님이 아닌 다른 영에게 자신의 영혼을 던져주는 것입니다. 무서운 말씀입니다. 우리의 생각에 그까짓 불순종이라고 생각하는 그것이 사탄에게 우리의 영혼을 던져주는 행위라면 심각한 일입니다.

폭풍이 몰려올 때 천둥을 동반한 먹구름이 몰려옵니다. 번개가 치고 큰 비바람이 불어옵니다. 그러나 그때 우리는 지붕이 있는 집안에 있으면 안전합니다. 폭풍 때문에 그 집은 더 안전하게 느껴지게 됩니다. 창 밖에 있는 모든 것은 젖었고, 춥고, 위험하지만 집 안에 있는 우리는 물 한방울도 묻지 않은 채 안전합니다. 왜냐하면 지붕이 사나운 폭풍으로부터 우리를 지켜 주었기 때문입니다. 마찬가지로 우리의 인생의 사나운 폭풍이 몰려올 때도 여호와 하나님께서 우리의 피난처가 되시고 우리의 요새가 되시기에 우리는 지금까지 안전했습니다.

"능히 너희를 보호하사 거침이 없게 하시고 너희로 그 영광 앞에 흠이 없이 기쁨으로 서게 하실 이." (유1:24)

하나님은 능히 우리를 보호하사 거침이 없게 하셨습니다. 그러나 하나님의 말씀에 불순종하는 자에게 하나님은 그 지붕을 걷어버리십니다. 다시 말해 하나님의 보호하심이 사라지게 됩니다. 그러면 원수인 사탄이 하나님이 허용하시는 범위 안에서 합법적으로 우리의 삶을 드나들게 되는 것입니다.

"왕이 여호와의 말씀을 버렸으므로 여호와께서도 왕을 버려 왕이 되지 못하게 하셨나이다." (삼상15:23)

사울의 불순종이 자신의 자리를 잃어버리고 자신이 누릴 수 있는 영광을 잃어버리게 만들었습니다. 하나님이 주신 사명을 붙들고 살아가는 자들이 반드시 기억해야 할 것은 '순종'입니다. 사역 동사인 우리 모두에게 하나님이 원하시는 것은 오직 순종입니다. 80%의 순종이 아닙니다. 90%의 순종도 아닙니다. 하나님이 원하시는 것은 100%의 순종입니다. 이유없는 순종입니다.

아론의 아들이자 제사장이었던 나답과 아비후가 하나님이 명령하신 불이 아닌 다른 불을 하나님께 드립니다. 그로 인해 불이 여호와 앞에서 나와 그들을 삼키어 죽게 됩니다. 그런데 하나님은 모세를 통해 아론의 남은 아들 즉 죽은 나답과 아비후의 형제인 엘르아살과 이다말에게 말씀하십니다.

"모세가 아론과 그의 아들 엘르아살과 이다말에게 이르되 너희는 머리를 풀거나 옷을 찢지 말라 그리하여 너희가 죽음을 면하고 여호와의 진노가 온 회중에게 미침을 면하게 하라 오직 너희 형제 이스라엘 온 족속은 여호와께서 치신 불로 말미암아 슬퍼할 것이니라"(레10:6)

하나님의 공의로운 심판에 불만을 품지 말라는 것입니다. 머리를 풀고 옷을 찢는 슬픔의 행동이 하나님이 하신 일에 대해 불순종하는 것처럼 보여질 수 있다는 것입니다. 하나님께서 우리의 삶에 행하신 어떠한 것에도 순종해야 함을 말씀하시고 있습니다. 그러므로 사역 동사로 부름받은 우리의 순종의 모습을 다시 한 번 점검해 보아야 합니다.

쇼맨십(Showmanship)을 버려라

"아론이 백성을 향하여 손을 들어 축복함으로 속죄제와 번제와 화목제를 마치고 내려오니라 모세와 아론이 회막에 들어갔다가 나와서 백성에게 축복하매 여호와의 영광이 온 백성에게 나타나며 불이 여호와 앞에서 나와 제단 위의 번제물과 기름을 사른지라 온 백성이 이를 보고 소리 지르며 엎드렸더라"(레9:22-24)

제사장 위임식을 마치고 대제사장인 아론의 첫 제사가 진행됩니다. 모든 제사를 마치고 나와 백성들을 축복하는 아론 앞에 여호와의 영광이 나타나고 불이 여호와 앞에서 나와 제단 위의 번제물과 기름을 사릅니다. 그랬더니 온 백성들이 이를 보고 소리 지르며 엎드립니다. 이 모습을 보았던 아론의 아들 특별히 나답과 아비후의 가슴이 뛰기 시작했습니다. 나도 아버지처럼 백성들에게 뭔가를 보여주고 싶다는 생각이 들었습니다. 쇼맨십(Showmanship)입니다.

하나님의 불이 내려올 때 백성들이 소리 지르며 그 앞에 엎드리는 것을 보며 만약 자신들에게도 그러한 기회가 오면 제대로 뭔가 보여주려는 마음이 들었습니다. 그리고 드디어 자신들에게 기회가 왔습니다. 백성들에게 뭔가 보여주고 싶었습니다. 아버지 아론과는 차별화된 자신들만의 뭔가를 보여주고 싶었습니다. 그래서 그들은 번제단에서 가져와야 할 불 대신에 다른 불을 가져오고 말았습니다. 그 일은 결국 여호와의 불이 번제물과 기름을 사른 것이 아니라 하나님의 거룩함을 훼손한 나답과 아비후 자신들 위에 임하고 말았습니다.

"나는 나를 가까이 하는 자 중에서 내 거룩함을 나타내겠고 온 백성 앞에서 내 영광을 나타내리라"(레10:3)

나답과 아비후의 문제는 하나님의 거룩함을 드러내야 할 사역 동사인 제사장이 자신의 영광을 나타내려고 한 것입니다. 제사를 통해 하나님을 드러내는 것이 아니라 뭔가를 보여주려고 한 것입니다. 그것이 하나님의 거룩함을 가리게 만들었습니다. 하나님이 원하시는 것은 사역 동사인 우리가 하나님의 거룩함을 드러내는 삶입니다.

모 방송사에서 〈신입사원〉이라는 신입 아나운서를 공개적으로 뽑는 프로그램을 진행했습니다. 그 가운데 흥미로웠던 주제는 모두에게 사진기를 하나씩 주면서 사진을 한 장 찍어 와서 자신의 각오를 담은 140자 원고를 쓰는 것입니다. 모두들 특별하고 재미있는 사진들을 찍어 와서 발표를 하기 시작했습니다. 그리고 그 가운데 어떤 사람은 합격하고 어떤 사람은 탈락을 했습니다.

그들이 합격하고 탈락하는 것은 '심사위원들의 마음을 움직였는가, 그렇지 못한가?' 에 달려있었습니다. 그 심사위원들은 그들이 찍어온 사진과 그들이 만들어내는 이야기에 집중했습니다. 그리고 합격과 탈락을 결정했습니다. 아무리 좋은 사진을 찍어오고 멋진 원고를 작성했다 할지라도 심사위원들의 마음을 얻지 못하면 그들은 합격할 수 없었습니다.

　마찬가지로 내가 아무리 멋지게 이 땅에서 뭔가 보여주려고 하지만 그것을 통해 하나님의 거룩함이 드러나지 않는다면 그것은 아무것도 아닙니다. 우리가 교회에서 사역 동사로 부름받아 여러 가지 일들을 감당하지만 내가 뭔가를 보여주려고 자신을 과시하기 위해 어떤 일을 해나간다면 그것은 절대 교회의 덕을 세우지 못하고 하나님의 영광을 드러내지 못하게 됩니다. 그러므로 내가 뭔가를 보여주려는 마음을 버리십시오. 자신이 얼마나 대단한 사람인지를 보여주려고 하지 마십시오. 하나님의 관점이 아닌 세상의 관점으로 자신을 드러내는 쇼맨십을 버리십시오. 하나님의 일을 하는 사람은 하나님의 거룩함을 세상 가운데 드러내는 사람이 되어야 합니다, 내가 드러나는 것이 아니라 하나님이 드러나도록 해야 합니다. 이것이 이 땅 가운데 사역 동사로 부름받은 자들이 기억해야 할 사역 자세입니다.

"여호와께서 아론에게 말씀하여 이르시되 너와 네 자손들이 회막에 들어갈 때에는 포도주나 독주를 마시지 말라 그리하여 너희 죽음을 면하라 이는 너희 대대로 지킬 영영한 규례라 그리하여야 너희가 거룩하고 속된 것을 분별하며 부정하고 정한 것을 분별하고 또 나 여호와가 모세를 통하여 모든 규례를 이스라엘 자손에게 가르치리라"(레10:8-11)

나답과 아비후의 죽음이후 하나님께서 아론을 불러 말씀하십니다. 나답과 아비후가 자신에게 주어진 임무를 담당하기 전에 포도주와 독주를 마신 것 같습니다. 그래서 그들은 거룩하고 속된 것을 분별하지 못했고, 부정하고 정한 것을 분별하지 못한 것입니다.

사역 동사로 부름받은 사람은 세상적인 어떤 것에 사로잡혀 하나님의 일을 감당해서는 안됩니다. 나답과 아비후는 포도주와 독주의 기운에 사로잡혔습니다. 그리고 하나님의 일을 하기 위해 성막 안으로 들어갔습니다. 그래서 그들은 치명적인 실수를 한 것입니다.

가끔씩 교회 안에서 어떤 일을 할 때 잘하려고 애쓰는 사람들을 만납니다. 그러나 문제는 너무 잘하려고 하다 보니 누군가를 속이게 되고, 잘하려고 하다 보니 힘에 넘치게 일을 하게 되고, 잘하려고 하다 보니 상처를 받고, 기쁨없이 신앙생활을 하게 됩니다. 잘하려는 마음에 사로잡혔기 때문입니다. 하나님의 일을 하면서 세상적인 방식과 경험을 가지고 하나님의 일을 하려는 사람들이 있습니다. 미움과 상처와 두려움과 같은 것에 사로잡힌 채 일을 하는 사람들도 있습니다.

사역 동사인 우리가 기억할 것은 영적 분별력입니다. 거룩하고 속된 것을 분별해야 합니다. 부정하고 정한 것을 분별해야 합니다. 그래야 하나님의 영광이 우리를 통해 세상 가운데 드러날 수 있습니다.

스탠바이(Stand-by) 하라

나답과 아비후의 죽음으로 성소에서 일을 감당할 사람은 아론의 두 아들 엘르아살과 이다말만 남았습니다. 하나님은 모세를 불러 형제의 죽음으로 인해 하나님을 불신하고, 하나님을 대항하고, 같은 마음으로 하나님께 불순종하는 것을 막기 위해 말씀하십니다.

"모세가 아론과 그의 아들 엘르아살과 이다말에게 이르되 너희는 머리를 풀거나 옷을 찢지 말라 그리하여 너희가 죽음을 면하고 여호와의 진노가 온 회중에게 미침을 면하게 하라 오직 너희 형제 이스라엘 온 족속은 여호와께서 치신 불로 말미암아 슬퍼할 것이니라"(레10:6)

모세가 말하는 핵심은

⑴ 하나님이 하신 일을 인간적인 감정으로 판단하고 불순종하지 말라는 것입니다.

⑵ 지금 형제가 죽은 슬픔보다 하나님이 주신 제사장의 직무

를 감당하는 것이 먼저임을 알려주는 것입니다.

만약 그들이 머리를 풀고 옷을 찢는 것은 자신에게 주어진 제사장의 직무를 감당할 수 없음을 의미하기 때문입니다.

사역 동사로 부름받은 우리는 늘 하나님 앞에 스탠바이(Stand-by)해야 합니다. 하나님이 언제, 어떤 일을 맡기실지 알지 못하기 때문입니다. 그들은 자신들의 슬픈 감정마저도 표현할 수 없었습니다. 자신들이 하고 싶은 일들도 내려놓아야 합니다. 오직 하나님의 부르심을 위해 기다리고 준비해야 하기 때문입니다. 엘르아살과 이다말에게 주어진 사역 동사의 삶이 바로 그러한 것입니다.

사역 동사로 부름받았기에 하나님의 영광을 세상 속에 드러내는 기쁨도 누리지만 사역 동사이기에 자신의 감정보다 하나님의 일을 더 앞세우는 헌신도 따라와야 합니다. 하나님이 우리를 사역 동사로 세우신 이유는 세상을 들어올리기 위함입니다. 그 사명을 위해 하나님은 당신에게 100%의 순종과 100%의 내려놓음을 요구하십니다.

사역 동사 레10:1-11

영어에서 사역 동사는 '목적어로 하여금 어떤 일을 하도록 시키는 의미'로 사용됩니다. 사역 동사는 사명지렛대로 세상을 들어 올려야 하는 우리의 자화상입니다.

우리는 사역 동사가 되어 세상을 움직여야 합니다. 사역 동사로 부름받은 우리들은 하나님이 시키시는 일을 세상 속에서 감당함을 통해 세상을 움직이는 자들입니다. 그래서 사역동사로 부름받은 우리에게 요구하시는 것은 100%의 순종입니다.

사울은 99%의 순종을 했지만 나머지 1%의 불순종 때문에 하나님이 그를 버리셨습니다. 아담과 하와는 수많은 날 동안 하나님의 말씀에 순종했지만 단 한 번의 불순종으로 이 땅 가운데 죄가 들어오고 말았습니다. 그렇다면 사역 동사로 부름받은 우리기 버려야(가져야) 할 사역 자세는 무엇일까요?

1. 쇼맨십(Showmanship)

하나님은 사역 동사로 부름받은 우리가 하나님의 거룩함을 드러내는 자가 되기를 원하셨습니다. 그러면 온 백성 앞에서 하나님의 영광을 나타내는 자로 만들어 주시겠다고 약속하셨습니다. 그러나 문제는 사역 동사들이 자꾸만 뭔가를 보여주려고 욕심을 부린다는 것입니다. 내가 얼마나 대단한 사람인지 내가 얼마나 멋지게 이 일을 마무리 하는지를 보여주고 싶어합니다. 그러나 내가 아무리 멋지게 이 땅에서 뭔가 보여주려고 하지만 그것을 통해 하나님의 거룩함이 드러나지 않는다면 그것은 아무것도 아닙니다.

2. 사로잡힘

하나님의 일을 하려는 사람이 세상적인 어떤 것에 사로잡혀서는 안됩니다. 나답과 아비후는 독주와 포도주에 사로잡힌 채 자신에게 주어진 사역을 감당하려고 했습니다. 그것이 여호와의 불을 가져오게 만들었습니다. 하나님의 일을 하는 사역 동사들은 절대 하나님의 일을 할 때 세상적인 그 어떤 것(미움, 교만, 잘하려는 마음, 정과 인정)에도 사로잡혀서는 안됩니다.

3. 스탠바이(Stand-by)

나답과 아비후의 죽음으로 성소의 일을 할 사람은 아론의 남은 두 아들 엘르아살과 이다말 뿐입니다. 그러나 형제들의 죽음을 바라본 그들의 마음 속에는 인간적인 감정에 사로잡혀 있었습니다. 그러나 만약 그들이 자신들의 슬픔을 표현하기 위해 머리를 풀고 옷을 찢게 되면 그들은 감당해야 할 제사장의 직무를 감당할 수 없게 됩니다. 하나님의 일을 하는 사역 동사들은 언제든지 하나님의 부르심을 감당하기 위해 준비하고 있어야 합니다, 나의 감정과 인간적인 생각으로 하나님께서 하시는 일을 판단해서도 안되며, 하나님이 쓰시기에 합당하게 늘 스탠바이되어야 하는 것이 사역 동사의 삶입니다.

11. 은혜 호흡 딤후 2:1-4

"Are you Okay?"

제가 처음 미국에 가서 살았던 아파트는 샌프란시스코(San Francisco)와 델리시티(Daly city)라는 도시의 경계에 위치한 곳이었습니다. 아파트 창으로 호수가 내려다보이는 아름다운 뷰(view)와 각종 편의시설을 갖춘 그 아파트는 유학생 신분인 저에게는 과분한 아파트였습니다. 그곳에는 괜찮은 피트니스 센터와 작은 수영장도 딸려 있었습니다.

무더운 여름 어느 토요일이었습니다.
가족들의 한국 방문으로 홀로 집에 있는 시간이 너무 따분하고 무료하게 느껴졌습니다. 평소에 수영하는 것을 별로 좋아하지 않았지만 그래도 따분한 토요일을 보내느니 수영이나 하자는 생각이 들었습니다.

토요일 오후였지만 그 곳에는 사람들이 별로 없었습니다. 일단 수영장 안으로 들어갔습니다. 평소 물을 무서워했지만 수영을 한번 배워보려고 머리를 물 속에 넣고 손을 저어보았습니다. 그런데 몸이 조금씩 앞으로 나가기 시작했습니다. 생각보다 느낌이 나쁘지 않았고, 3m를 목표로 도전을 했는데 도전 성공도 하게 되었습니다. 점점 자신감이 붙었습니다.

이번에는 세로로 이쪽 벽에서 저쪽 벽까지 5-6m는 되어 보이는 지점을 향해 천천히 나아갔습니다. 한참을 간 것 같았는데 아직도 벽이 손에 닿지 않았습니다. 그래서 일단은 서야겠다고 생각하고 서려고 했는데 발이 땅에 닿지 않았습니다.

한 번, 두 번, 세 번 물을 먹었습니다. 아무리 발을 저어도 1m 정도 남은 벽까지 전진할 수가 없었습니다. 그래도 살아야겠다는 생각이 강하게 지배하여 더 힘차게 발과 손을 저었습니다. 그리고 조금씩 움직이게 되었고 간신히 벽을 잡고 밖으로 나오게 되었습니다. 사람들이 달려왔습니다.

"Are you okay?(괜찮습니까?)"

얼마나 망신스러웠든지 그날 이후 다시는 수영장에 갈 수 없었습니다.

물 속에 빠져보니까 우리가 편하게 쉬는 숨이 얼마나 귀한지를 알았습니다. 물을 먹고 산소가 부족한 물 속에서 바둥거릴 때는 죽을 것 같았습니다. 물에 빠져 숨을 쉬지 않으면 이산화탄소의 농도가 높아지고 산소의 농도가 위험한 수준에까지 떨어집니다. 산소의 농도가 낮아지면 산소부족으로 기절하게 되고, 물이 폐 속으로 밀려들어와 익사하고 맙니다.

산소 결핍=은혜 결핍

공기 중의 산소 농도는 약 21%입니다. 그 이하로 낮아지게 되면 산소 결핍(Oxygen debt)으로 인해 인체 기능의 변화가 나타나게 됩니다. 일반적으로 공기 중 산소 농도가 18%일 때를 '한계 농도'로 보며, 공기 중의 산소 농도가 18% 미만인 상태를 '산소 결핍' 이라고 합니다.

공기 중 산소 농도가 16% 정도로 떨어지게 되면 빈맥(맥박수 증가), 빈호흡(호흡수 증가), 구토, 두통 등 산소 부족으로 인한 증상을 느끼기 시작합니다. 16% 이하로 낮아질수록 증상이 심해지며, 10% 이하가 되면 의식 상실, 경련, 혈압 강하, 서맥(맥박수 감소) 등이 나타나고, 질식하여 사망하게 됩니다. 산소가 부족하면 우리 몸은 산소를 찾게 됩니다. 산소가 없으면 우리 몸은 아무것도 할 수 없습니다.

산소 부족처럼 은혜의 결핍이 오늘 이 시대 가운데 일어나고 있습니다.
신앙 생활이 피곤하십니까?
말씀을 들어도 은혜가 없습니까?
봉사를 해도 기쁨이 없습니까?
조그만 일에도 원망과 불평이 가득차십니까?
왠지 모를 짜증과 화가 우리의 삶을 지배하고 있지는 않습니까?
당신은 지금 은혜 결핍 증상을 보이고 있습니다.

산소가 부족하면 처음에는 머리가 아프고 구토가 나다가 결국은 의식 상실과 질식으로 사망합니다. 은혜 결핍도 처음에는 기도(Airway)가 막힙니다. 말씀 속에서 은혜를 발견하지 못합니다. 삶이 지치고 짜증나다가 결국은 우리의 영혼이 질식하고 결국은 죽어버리는 단계로 나아가게 됩니다.

은혜의 ABC

〈은혜 호흡〉이라는 책을 쓴 헤리 크라우스는 아프리카 케냐의 의료선교사로 일하는 현직 외과 의사입니다. 그는 말하기를 외과 의사들은 응급환자들이 오면 제일 먼저 하는 ABC가 있다고 합니다.

Airway(기도) / 기도 확보를 통해 공기 구멍을 만들어주고,

Breathing(호흡) / 호흡(을 통해 폐에 산소를 억지로 공급하고,

Circulation(순환) / 호흡을 통해 들어온 산소를 몸 전체로 보내주는 것입니다.

기도 확보는 산소 통로입니다. 산소가 들어가는 통로입니다.

오늘 우리 신앙생활에도 은혜 통로가 필요합니다. 우리 믿음 생활의 은혜 통로는 '인정(Acknowledgement)하는 것' 입니다. 즉 인정하고, 받아들이고 시인하는 것입니다. 하나님의 은혜가 우리의 삶의 곳곳에 깔려 있지만 우리가 인정하지 않고, 받아들이지 않고, 그 은혜가 필요한 죄인임을 시인하지 않는다면, 그 은혜가 우리의 삶에 들어올 수 없습니다.

다시 말해 우리의 구원을 위해, 우리에게 주어진 은혜를 위해, 우리가 할 수 있는 것은 아무것도 없다는 사실입니다. 단지 내가 죄인임을 인정하고 우리의 죄를 감추지 말고 시인하는 것이 기도 확보와 같은 은혜의 공기가 우리의 삶으로 넘나드는 통로 역할을 합니다. 은혜의 통로를 여는 방법은 나에게 하나님의 은혜가 필요하다는 것을 인정하는 것입니다.

산소가 우리 몸에 들어와 폐로 들어가기 위해서는 호흡이 필요합니다. 마찬가지로 우리의 영혼의 호흡은 복음을 받아들이는 것, 다시 말해 예수 그리스도를 믿는 것(Believing)입니다. 스스로 호흡하는 사람도 있지만 그렇지 못한 사람들은 인공 호흡기를 통해서라도 호흡을 하도록 도와주어야 합니다. 믿지 못하면 하나님의 은혜를 우리의 삶에 받아들일 수가 없습니다.

우리 몸에 들어온 공기는 피스톤 작용을 통해 우리 몸 전체를 돌게 되어 있습니다. 폐가 산소를 공급하면 혈액 속으로 산소가 들어갑니다. 그러나 산소를 담고 있는 혈액은 펌프질 없이는 그것을 필요로 하는 곳에 이르지 못합니다. 그래서 우리 몸은 산소를 받아들여 우리 몸으로 돌게 만들고 이산화탄소를 배출하는 순환 작용을 하게 됩니다. 순환이 되지 못하면 뇌가 제일 먼저 죽습니다. 뇌가 죽으면 사령관이 죽는 것입니다.

호흡을 통해 복음을 받아들이고 은혜를 받아들이는 것이 중요하지만 그것으로 머무르면 우리 몸은 죽습니다. 그래서 순환시켜야 하는 것입니다. 그래야 우리가 사는 것입니다. 그것은 교제(communion)를 의미합니다. 내가 하나님의 은혜가 필요한 죄인임을 인정하고 믿는다고 끝난 것이 아닙니다. 그 은혜를 유지하기 위해 계속적인 하나님과의 교제가 필요합니다.

　사명지렛대를 들고 세상을 들어 올리는 사명자로 부름받은 우리에게 은혜는 가장 중요한 영적 호흡입니다. 그러기에 하나님과의 은혜 통로가 필요합니다. 하나님의 은혜로 호흡해야 합니다. 그리고 그 은혜가 끊임없이 우리의 삶에 순환될 수 있도록 펌프질을 하는 것이 사역자들의 삶입니다.

　힘껏 뛰었다면, 그래서 더 많이 지쳐있다면 지금 우리에게는 더 많은 하나님의 은혜가 필요한 시점입니다. 한참을 달리다 서게 되면 더 많은 숨을 몰아쉬는 것처럼 우리의 삶이 지치고 힘들 때 일수록 더 크고 더 많은 은혜가 필요합니다. 하나님의 은혜 없이 사명지렛대를 지고 가려는 사람은 무모한 도전일 수밖에 없습니다. 왜냐하면 하나님의 은혜 없이 우리는 한발자국도 움직일 수 없기 때문입니다.

하나님의 은혜=Power(파워)

“그러므로 네가 그리스도 예수 안에 있는 은혜 속에서 강하라”
(딤후2:1)

바울은 사명지렛대를 지고 가는 디모데에게 그리스도 예수 안에 있는 은혜 속에서 강하라고 권면합니다. 하나님의 은혜가 있으면 강할 수 있고, 하나님의 은혜 안에서 강해야 합니다. 사람들은 세상적인 것으로 강해지려고 애씁니다. 내가 가진 건강이, 내가 가진 돈이, 내가 가진 권력이 나를 강하게 만든다고 생각합니다. 그러나 그것은 진정한 강함이 아닙니다. 일시적인 강함이 될 수 있지만 나보다 더 많은 것을 가진 사람 앞에서는 절대 강할 수 없습니다. 그러나 하나님의 은혜 안에서 강하다는 것은 다릅니다. 이것은 상대적인 강함이 아니라 절대적인 강함입니다. 하나님의 은혜는 우리를 강하게 만드는 원동력입니다.

구약 성경에 나오는 다윗을 보십시오.

그는 강한 사람이 아니었습니다. 그는 목동이었고, 어린 소년이었습니다. 그러나 하나님의 은혜가 그의 삶에 함께 하였을 때 그는 강한 사람이 되었습니다. 세상의 어떤 골리앗도 다윗을 함부로 대할 수 없었습니다.

"만군의 하나님 여호와께서 함께 하시니 다윗이 점점 강성하여 가니라"(삼하5:10)

그는 크레센도(Crescendo) 인생의 삶을 살았습니다.

음악용어로 크레센도는 '점점 세게'를 의미하는 말입니다. 다윗은 만군의 하나님이 그와 함께 하심을 통해 크레센도의 인생, 즉 점점 강성하여지는 삶을 살았습니다. 만군의 하나님이 그와 함께 하신다는 것이 바로 하나님의 은혜로 충만한 삶을 말하는 것입니다.

사도행전 9장의 사울은 세상적으로 강한 사람이었습니다.

그는 예수 믿는 사람들을 잡아 죽일 수 있는 절대 권력을 지녔습니다. 그러나 그의 세상적인 강함은 하나님의 은혜 앞에 아무것도 아니었습니다. 다메섹에서 그는 그를 비추는 강력한 빛을 만났고 그가 지닌 세상적이고 물리적인 힘은 무가치한 것이 되었습니다. 그러나 하나님의 은혜가 그의 삶에 들어왔을 때 그는 정말 강한 사람이 되었습니다. 그의 강함은 인위적인 힘으로 나타나지 않았습니다. 그의 강함은 영적인 파워로 나타났습니다. 그의 강함은 사람들을 움직였습니다.

영적인 파워를 지닌 크리스천이 되십시오.

믿음의 야성을 회복하십시오. 그러기 위해서는 하나님의 은혜로 충만한 삶이 되어야 합니다. 요즘 우리 크리스천들의 모습은 마치 울타리에 갇혀 양육되고 있는 사자의 모습과 흡사합니다. 사자의 날카로운 이빨도, 위엄 있는 갈기도 다 뽑혀버린 채로 용맹을 다 잃어버린 채 살고 있습니다. 때마다 던져주는 고깃덩이가 있기에 날카로운 이빨도, 발톱도 사용할 필요가 없이 살아가고 있습니다. 더욱이 자신이 용맹스러운 사자인 줄도 자각하지 못하고 울타리 밖으로 나오려고도 하지 않습니다.

우물 안 개구리의 삶처럼 오랫동안 울타리 안에 갇혀 이미 길들어져 버렸습니다. 원수를 짓밟으며 열방을 다스리는 유다지파 용사처럼 왕같은 사자의 영성을 찾아보기 힘들어졌습니다. 귀신을 내어 쫓고 뱀과 전갈을 밟으며 원수의 모든 능력을 제어할 권세를 하나님은 우리에게 이미 주셨습니다. 하나님의 은혜 안에서 강하십시오. 세상을 들어올리기 위해 은혜의 영적 내공을 준비하십시오.

통로의 사명

"또 네가 많은 증인 앞에서 내게 들은 바를 충성된 사람들에게
부탁하라 저희가 또 다른 사람들을 가르칠 수 있으리라"(딤후2:2)

바울을 통해 전달된 복음이 디모데에게로 흘러가고 디모데
를 통해 충성된 사람들, 그리고 다른 사람에게로 전달되고 있
습니다. 하나님의 은혜는 머무르지 않습니다. 한 곳에 고여서 썩
지 않습니다. 흘려보내야 하고 또 흘려보내야 합니다. 하나님의
은혜가 있는 사람은 통로입니다. 하나님의 은혜의 통로이며, 축
복의 통로이며, 생명의 통로입니다.

뇌졸중이란 뇌혈관이 막힐 때 일어나는 질병입니다. 갑작스
럽게 반신마비, 언어장애, 보행장애, 어지럼증, 한쪽 얼굴 혹은
신체 반쪽의 감각이상, 심한 두통 및 혼수상태 등이 발생하는
질병입니다. 의학 용어로는 뇌졸중이며 일반 용어는 중풍이라
고 말합니다. 한 곳이 막히니 그곳이 팽창해서 다른 질병들을
만들어 내게 되는 것입니다.

은혜도 마찬가지입니다.

은혜도 흘려보내야 합니다. 그래야 내가 사는 것입니다. 이 은혜를 흘려보내지 않으면 자꾸만 내가 정체되고, 경직되고, 나태해지고, 열정도 사라지고, 신앙도 밋밋해집니다. 그러나 은혜를 흘려보내게 되면 잃어버린 열정이 생겨나게 되고, 사랑의 마음이 생겨나게 되고, 기도하게 되고, 말씀을 읽게 되고, 목자의 마음도 배우게 됩니다. 그러다보면 자신도 모르는 사이에 자신의 믿음이 성장하고 하나님의 뜻에 민감한 하나님의 사람으로 거듭나 있는 것을 발견하게 됩니다.

분수형 인생과 폭포형 인생

어느 목사님 칼럼에 보니 사람의 인생은 두 가지가 있다고 합니다.

하나는 분수형 인생이고 나머지는 폭포형 인생입니다.

분수형 인생은 자꾸 자신보다 더 높은 곳을 추구합니다. 더 나아 보이려고 치장합니다. 자꾸만 뿌려대야 하기에 언제나 지치고 힘들고 불안한 인생을 살아갑니다. 그리고 언젠가는 고갈되어 분수는 멈추게 됩니다. 왜냐하면 분수는 인위적인 것이기 때문입니다.

반면에 폭포형 인생은 자연스럽습니다. 그리고 강력합니다. 흘러내려 보내는 것이기 때문입니다. 자기 위치보다 더 낮은 곳으로 떨어지면 떨어질수록 그 힘은 더 강력해집니다. 분수보다 폭포가 강력한 것은 흘려보내는 것이기 때문입니다.

분수가 되기보다 폭포와 같은 인생이 되기 위해 기도하십시오. 억지로 뭔가를 보내려고 하지 마십시오. 봉사도 사역도 억지로 하지 말고 먼저 하나님의 은혜를 사모하십시오. 그리고 폭포처럼 하나님의 은혜를 세상 가운데로 흘려보내십시오.

지금 당신이 높은 곳에 있다면 낮은 곳으로 하나님의 은혜를 흘려보내십시오. 그럴 때 높은 곳에서 떨어지는 폭포가 에너지를 만들어 내는 것처럼, 당신이 흘러보내는 은혜가 강력한 파워를 세상 속에 나타내게 될 것입니다. 그것이 당신으로 하여금 세상을 들어 올리게 만들 것입니다.

"군사로 다니는 자는 자기 생활에 얽매이는 자가 하나도 없나니 이는 군사로 모집한 자를 기쁘게 하려 함이라"(딤후2:4)

하나님의 은혜가 있는 자는 하나님을 기쁘시게 하려는 인생 목적을 가집니다. 이것은 누가 강요한다고 생겨나는 것이 아닙니다. 이것은 온전히 하나님의 은혜로만 가능한 것입니다.

성경에는 하나님을 기쁘시게 하는 삶을 살았던 사람들이 등장합니다.

"믿음으로 에녹은 죽음을 보지 않고 옮기웠으니 하나님이 저를 옮기심으로 다시 보이지 아니하니라 저는 옮기우기 전에 하나님을 기쁘시게 하는 자라 하는 증거를 받았느니라" (히11:5)

노아와 에녹이 어떻게 하나님을 기쁘시게 했습니까?

"에녹이 하나님과 동행하더니 하나님이 그를 데려가시므로 세상

에 있지 아니하였더라"(창5:24)

"노아의 사적은 이러하니라 노아는 의인이요 당세에 완전한 자라 그가 하나님과 동행하였으니"(창6:9)

그들이 하나님을 기쁘시게 할 수 있었던 비결은 하나님과 동행하는 것이었습니다. 하나님과 동행한다는 것은 '하나님과 함께 걸었다' 는 의미입니다. 단순한 보행이 아니라 하나님의 뜻을 좇아 함께 걸어갔던 것입니다. 하나님을 기쁘시게 하는 것은 하나님과 함께 걷는 것입니다. 그분의 뜻을 따라 걸어가는 것입니다. 그분이 '가라' 하시면 가고 그분이 '서라' 하시면 서는 것입니다.

하나님은 출애굽한 이스라엘 백성들을 위해 낮에는 구름기둥으로, 밤에는 불기둥으로 인도하셨습니다. 구름이 떠오르면 그들은 진행하였고, 구름이 머무는 곳에 진을 치고 멈추었습니다. 하나님을 기쁘시게 하는 자는 하나님의 뜻을 자신의 뜻으로 받아들이는 사람입니다. 이것이 바로 하나님과 동행하는 자입니다.

에녹은 650세에 므두셀라를 낳은 후 300년간 하나님과 동행하는 삶을 살았습니다. 그는 세상의 그 어디에도 마음을 주지 않고 하나님께 소망을 두며 자신에게 주어진 인생을 살았습니다. 그의 인생의 궁극목표는 하나님을 기쁘시게 하는 것이었습니다. 결국 그는 하늘로 옮겨지기 전에 "하나님을 기쁘시게 하는 자"라는 증거를 받게 되었습니다.

에녹이라는 단어 속에는 '봉헌된 자'라는 의미가 있습니다. 그는 온전히 하나님께 드린 인생이었습니다. 그래서 자신의 뜻보다 하나님의 뜻을 따라 하나님과 동행하는 예배자의 삶을 살았습니다.

하나님을 기쁘시게 하는 인생의 목적을 가지십시오. 우리에게 주신 하나님의 은혜는 바로 이러한 삶을 살도록 주신 하나님의 선물입니다.

얼마 전에 읽었던 감동적인 글 하나를 소개합니다.

"나의 교만을 제거하여 주시옵소서."라고 기도 했더니

하나님께서는 "NO"라고 하시며 "교만이란 하나님이 없애주는 것이 아니라 네가 포기하는 것"이라고 말씀하셨습니다.

"나에게 슬픔이 없게 하소서."라고 간구했더니
하나님은 "NO"라고 하시며 "슬픔은 네가 만드는 것이지, 누구에게 받는 것"이 아니라고 말씀하셨습니다.

"나에게 고통이 없게 하소서."라고 기도했더니
하나님께서는 "NO"라고 하시며 "고통은 우리를 세상에서 멀리하고 하나님을 가까이하게 하는 은혜"라고 가르쳐 주셨습니다.

"하나님, 주께서 나를 사랑하신 것같이 나도 남을 사랑할 수 있도록 능력을 주소서."라고 기도했더니
하나님께서는 미소를 띠며," 이제 겨우 네가 나를 기쁘게 하는 기도를 배웠구나!"라고 말씀하셨습니다.

즉 내 삶에 주어진 모든 것은 하나님의 은혜이며 우리는 그

은혜를 통해 하나님의 뜻을 따라가며 하나님을 기쁘시게 하는 삶을 살 수 있습니다.

하나님의 은혜 기도(Airway)를 확보하십시오.

하나님의 은혜로 호흡하십시오. 하나님의 은혜 없이 사역하지 마십시오. 하나님의 은혜 없이 세상을 움직이려고 하지 마십시오. 하나님의 은혜 없이 우리는 세상을 들어 올릴 수도 없고, 들어 올려서도 안됩니다. 왜냐하면 하나님의 은혜 없이 시작하는 그 일은 사탄의 집중 포화를 당하기 때문입니다.

은혜 호흡 _{딤후 2:1-4}

공기 중에 산소가 부족하면 우리의 인체에 치명적인 영향을 미치는 것처럼 하나님의 은혜결핍은 사역자들의 삶을 영적 죽음으로 이끄는 지름길이 됩니다. 그러므로 하나님의 은혜통로인 영적 기도(Airway)를 확보하고, 그 은혜를 호흡(Breathing)하듯이 믿음(Believing)으로 은혜를 호흡하고, 우리 몸의 전 영역으로 그 은혜를 순환(Circulation)시킬 때 우리는 비로소 건강한 삶을 살 수 있습니다. 힘껏 뛰셨습니까? 그래서 많이 지치셨습니까? 지금이야말로 더 큰 하나님의 은혜가 필요한 시점입니다. 한참을 달리다 멈춰 서게 되면 더 많은 숨이 필요한 것처럼 우리의 삶이 지치고 힘들 때 일수록 더 크고 더 많은 은혜가 필요합니다.

1. 영적 파워

하나님의 은혜가 있는 사람은 영적파워를 가진 사람입니다.

사도바울은 영적 아들 디모데에게 "네가 그리스도 예수안에 있는 은혜 속에서 강하라"고 말합니다. 하나님의 은혜가 있으면 강할 수 있고 하나님의 은혜 안에서 강해야 합니다. 하나님의 은혜를 가진 사람은 상대적인 강함이 아니라 절대적인 강함을 가진 사람입니다. 그 강함은 우리의 삶에 영적파워로 나타나게 됩니다.

2. 통로의 사명

하나님의 은혜가 있는 사람은 통로의 사명이 있는 사람입니다. 바울을 통해 전달된 복음이 디모데에게로 흘러가고, 디모데를 통해 충성된 사람들, 그리고 다른 사람에게로 전달되고 있습니다. 하나님의 은혜는 머무르지 않습니다. 한곳에 고여서 썩지 않습니다. 통로인 우리가 흘려보내지 않고 나만을 위한 그릇에 담으려고 한다면 그것은 우리의 삶에 영적인 뇌출혈을 일으키는 장본인이 될 것입니다.

3. 목적있는 인생

하나님의 은혜가 있는 사람은 목적있는 인생의 삶을 살게 됩니다. 하나님의 은혜가 있는 자는 하나님을 기쁘시게 하려는 인생 목적을 가집니다. 하나님을 기쁘시게 하는 삶을 살았던 두 사람을 소개하자면 노아와 에녹입니다.(히11:5) 그들이 하나님을 기쁘시게 했던 비결은 하나님과 동행함이었습니다.(창5:23,6:9) 하나님과 동행한다는 것은 '하나님과 함께 걸었다' 는 의미입니다. 단순한 보행이 아니라 하나님의 뜻을 좇아 함께 걸어갔던 것입니다. 그분이 가라하시면 가고 그분이 서라하시면 서는 것입니다. 이것이 바로 하나님과 동행하는 자 즉 하나님을 기쁘시게 하는 자의 모습입니다.

열정 경영

‘4억 소녀’ 라 불리우는 김예진 씨가 있습니다.

그녀는 고3때 쇼핑몰을 오픈하여, 1년 만에 무려 ‘4억’ 의 매출을 이뤄낸 ‘젊은 사장님’ 입니다. 그녀는 고등학교 때부터 공부보다는 옷 입는 것과 꾸미는 것에 아주 관심이 많았습니다. 담임선생님은 그녀의 이런 재능을 일찍부터 알아보고, 쇼핑몰 사업을 권유해 주기도 했습니다. 한창 공부에 열중할 나이기는 했지만, 어차피 공부가 적성에도 맞지 않고, 경쟁력도 없다고 판단한 그녀는 부모님을 설득해 창업자금 350만원을 빌려서 쇼핑몰 사업을 시작하게 됩니다. 혼자서 시작한 사업이라 판매부터 배송, 상담까지 모두 다 홀로 책임져야 했음에도, 김예진씨에게는 그 일이 너무나 즐겁게 느껴졌습니다. 또한 어쩔 수 없이 해야만 했던 공부와는 달리, 패션 관련 공부 또한 매우 재미있었습니다.

한편으론 그녀는 꾸준히 잡지 등을 탐독하며 감각을 익혀나갔고, 다른 한편으론 등교길에까지 택배 상자를 들고 다니며 열정적으로 일에 몰입했습니다. 그녀의 열정에 힘입어, 쇼핑몰 '립합'은 점점 더 발전해 나가게 되었고, 창업 후, 1년 만에 4억의 매출을 올리는 기염을 토하게 됩니다. 쇼핑몰을 연지 5년이 된 이제, 그녀는 직원을 15명이나 거느린 당당한 벤처 사업가가 되었습니다.

'한국의 1인 주식회사'에 소개된, '케이크 디자이너' 전미경 대표라는 분이 있습니다. 이 분이 2002년 온라인 창업을 하기 전까지만 해도, 18년여 동안 가정에서 요리 연구만 해온 평범한 전업주부였습니다. 하지만 평상시 요리에 관심이 많았던 그녀는 '고객의 생각을 디자인해 케이크로 표현해 줍니다.'라는 독특

한 콘셉트로 케이크 시장에 뛰어들었고, 이제 '이야기가 있는 케이크'라는 분야에서 독보적인 위치를 확보하고 있습니다.

그녀가 만드는 케이크가 대부분 수십만 원 대임에도 불구하고 손님이 몰리는 이유는 특별한 케이크를 원하는 고객의 요구와 기대에 부응했기 때문입니다. 가게를 시작할 때부터 '비슷한 케이크로는 차별화에 성공할 수 없다.'고 생각한 그녀는 '특별한 날을 위한, 특별한 사람을 위한, 특별한 디자인의 케이크'로 승부를 걸기로 했습니다. 그리하여 그녀는 고객 한 사람 한 사람에게 세상에 단 하나 뿐인 맞춤형 케이크를 만들어 주어 성공의 길을 걷게 되었습니다.

성공한 사람들은 반드시 그들의 성공 이유가 있습니다. 김예진사장과 전미경대표의 성공 배후에도 남들이 알지 못하는 그들만의 열정과 시간관리 노하우가 있었습니다. 우리는 세상의 모든 사람들에게 공평하게 주어진 하루 24시간을 경영하는 시간관리 CEO들입니다. 우리에게 주어진 시간을 버릴 수도 있고, 쓸데없이 낭비할 수도 있고, 그러나 가치 있고 유익하게 사용할 수도 있습니다. 마찬가지로 우리는 우리에게 주어진 열정을 관리하는 CEO들입니다. 열정을 그냥 사용하지 않아 사라지게 만들 수도 있고, 전혀 무가치하고 의미 없는 곳에 낭비할 수도 있습니다. 그러나 정말 유익하고 가치 있는 곳에 열정을 쏟아 부음으로 세상을 아름답게 만들 수도 있습니다. 시간과 마찬가지로 우리의 열정도 관리가 필요하고 경영이 필요합니다. 어쩌면 우리의 열정경영이 우리의 삶의 질을 결정하고 우리의 미래를 바꿀 수 있습니다.

열정 플랜

열정을 삶속에서 끌어내고 열정적인 사람이 되기 위해서는 열정도 시간처럼 계획을 세워야 합니다. 그것이 바로 열정플랜입니다.

고든 맥도날드목사님은 〈내면세계의 영적질서와 성장〉이라는 책에서 계획되지 않은 시간의 법칙에 대해 설명합니다.

1. '계획되지 않은 시간은 나의 약점이 있는 곳으로 흐른다.' 즉 자신의 약한 부분을 보완하기 자신의 시간을 할애한다는 말입니다.

2. '계획되지 않은 시간은 지배적인 위치에 있는 사람의 영향력에 의해 좌우된다.' 나를 필요로 하고 나와 함께 시간을 보내고 싶은 사람들에 의해 소모되어 버린다는 말입니다.

3. '계획되지 않은 시간은 긴급한 일에 소모된다.' 긴급한일이나 사건들은 우리의 계획되지 않는 시간들을 다 빼앗아 가버립니다.

4. '계획되지 않은 시간은 대중의 갈채를 받는 일에 바쳐진다.' 사람들에게 인정받고 싶어하는 본성과 사람들의 박수를 받고 싶어하는 것은 당연한 일인데 무질서속에 시간을 관리하는 사람들은 이러한 것에 자신의 시간을 던져버립니다.

이와 같이 우리의 삶에서 버려지고 잃어버리는 수많은 시간들을 붙잡기 위해서 우리는 철저한 계획과 시간사용 원칙을 세워야 합니다. 마찬가지로 우리의 열정도 플랜이 없으면 무의미하게 사라지거나 불필요하고 무의미한 일을 위해서만 사용되게 됩니다. 그러므로 우리의 열정도 플랜이 필요합니다.

플랜A와 플랜B

예전에 보았던 드라마 가운데 가수비가 출연해서 화제가 된 〈도망자 플랜B〉라는 드라마가 있었습니다.

여기서 말하는 플랜B가 무엇을 말하는지 혹시 아십니까?

아마도 많은 분들은 가수비(B)가 나와서 플랜B라고 생각하셨을 것입니다. 그런데 플랜B는 가수 비(B)를 의미하는 말이 아니라 글자 그대로 해석하자면 '차선책'을 말하는 단어입니다. 플랜 A는 현재의 추세, 현재 가고 있는 길, 현재 선택한 대안입니다. 그런데 플랜A에 문제가 발생했을 때 플랜B의 카드를 꺼집어내야 합니다.

"그들이 가버나움에 들어가니라 예수께서 곧 안식일에 회당에 들어가 가르치시매 뭇 사람이 그의 교훈에 놀라니 이는 그가 가르치시는 것이 권위 있는 자와 같고 서기관들과 같지 아니함일러

라 마침 그들의 회당에 더러운 귀신 들린 사람이 있어 소리 질러
이르되 나사렛 예수여 우리가 당신과 무슨 상관이 있나이까 우리
를 멸하러 왔나이까 나는 당신이 누구인 줄 아노니 하나님의 거
룩한 자니이다 예수께서 꾸짖어 이르시되 잠잠하고 그 사람에게
서 나오라 하시니 더러운 귀신이 그 사람에게 경련을 일으키고
큰 소리를 지르며 나오는지라" (막1:21-26)

예수님께서 안식일에 회당에 들어가셔서 가르치는 일을 시작
하십니다.

이것이 주님의 플랜 A였습니다. 그런데 마침 그들의 회당에 더
러운 귀신들린 사람이 등장합니다. 그때 주님께서는 현재 자신
이 선택한 대안인 플랜A를 버리고 새로운 대안, 플랜B를 선택하
십니다. 그리고 그 귀신에게 잠잠하고 그 사람에게 나오라고 명
령하십니다.

"회당에서 나와 곧 야고보와 요한과 함께 시몬과 안드레의 집에
들어가시니 시몬의 장모가 열병으로 누워 있는지라 사람들이 곧
그 여자에 대하여 예수께 여짜온대 나아가사 그 손을 잡아 일으

키시니 열병이 떠나고 여자가 그들에게 수종드니라"(막1:29-31)

회당에서 나오신 주님은 시몬과 안드레의 집에 들어가십니다. 아마도 플랜A는 잠시 휴식을 취하기 위해서였을 것입니다. 그런데 베드로의 장모가 열병으로 누워있었고 사람들이 예수님께 이 사실을 알려줍니다. 그때 주님은 자신의 원래의 계획을 포기하고 플랜B로 바꾸십니다. 그리고 베드로의 장모의 손을 잡아 일으키심으로 열병을 고쳐주십니다.

"새벽 아직도 밝기 전에 예수께서 일어나 나가 한적한 곳으로 가사 거기서 기도하시더니 시몬과 및 그와 함께 있는 자들이 예수의 뒤를 따라가 만나서 이르되 모든 사람이 주를 찾나이다 이르시되 우리가 다른 가까운 마을들로 가자 거기서도 전도하리니 내가 이를 위하여 왔노라 하시고 이에 온 갈릴리에 다니시며 그들의 여러 회당에서 전도하시고 또 귀신들을 내쫓으시더라"(막1:35-39)

이제 주님께서는 한적한 곳으로 가셔서 기도를 하셨습니다.

제자들이 와서 플랜A를 말합니다. '모든 사람들이 주를 찾습니다. 빨리 가셔야 합니다.' 그때 주님은 새로운 대안 플랜B를 말씀하십니다. '우리가 가까운 마을들로 가서 전도하자.'

어쩌면 우리 모두는 플랜A로 살아가고 있습니다. 현재의 내가 가고 있는 길, 현재 선택한 대안인 그 플랜을 잡고 걸어갑니다. 그런데 자꾸만 우리의 삶에 문제가 다가오고 생각지 못했던 일들이 찾아옵니다. 그런데 그 문제와 상황이 우리로 하여금 새로운 열정을 가져오고 결국 플랜B로 나가게 됩니다. 주님께서도 플랜A를 위해 시작하셨지만 결국 하나님의 인도하심에 따라 플랜B를 향한 열정으로 나아가시는 것을 보게 됩니다.

플랜A를 향해 걸어가는 우리의 삶은 지금 열정이 있으십니까? 플랜A는 어쩌면 너무 형식적이고 틀에 박힌 길이 아닙니까? 늘 다니던 직장, 늘 하던 일, 지루하고 반복적인 일상속에서 열정도 없이 살아가고 있지 않습니까? 어쩌면 하나님은 당신이 잃어버린 열정을 위해 플랜B의 문을 열고 계십니다. 지금 내가 가고 있는 플랜A가 혹시 내가 원하는, 그리고 내가 세운 계획이라면 이제 우리는 하나님의 필요와 하나님의 타이밍에 따라 새로운 대안 플랜B를 준비해야 합니다.

플랜A 즉 지금 내가 걸어가고 있는 길, 내가 선택한 대안에는 주로 나의 생각, 나의 계획, 나의 선택이 많았습니다. 그러나 하나님이 나에게 보여주시고 이끄시는 플랜B는 나의 선택이 아닌 하나님의 필요에 따라, 하나님의 가장 적합한 타이밍에 따라 우리의 열정을 끌어올려야 합니다. 열정이 없이 살아가는 우리의 모습이라면 우리는 이제 하나님이 이끄시는 플랜B를 준비해야 합니다. 지금 내가 붙잡고 있는 플랜A에 목숨을 걸면 우리는 상황과 여건에 유연하게 대처할 수 없습니다.

플랜B의 원리

어떻게 보면 성경 전체를 관통하는 한 가지 주된 원리는 '플랜 B의 원리' 입니다. 하나님은 이스마엘 즉 플랜A를 버리시고 이삭을 택하셨습니다. 물론 이삭은 하나님의 오리지널 대안 플랜 A였습니다. 그러나 우리 편에는 하나님의 플랜B입니다.

하나님은 에서가 아닌, 야곱을 택하셨습니다.

사울 왕을 버리시고, 다윗 왕을 통해서 구속사를 이루어 가셨습니다.

예루살렘 교회보다 안디옥 교회를 들어서 복음을 전하는 선교의 사명을 주셨습니다. 처음 택하신 유대인을 놔두시고, 접붙인 가지인 이방인을 택하셨습니다.

처음 택하신 12사도 보다, 바울 사도를 들어서 이방 선교를 감당하게 하셨습니다.

첫 사람 아담은 폐하시고, 둘째 사람 예수를 세우셨습니다.

첫 번째 언약인 율법은 폐해지고, 십자가의 새 언약이 세워졌습니다.

사람들이 만들어가는 플랜A를 하나님은 하나님의 대안, 하나님의 필요에 따라 플랜B로 사람들을 움직이십니다. 플랜B가 안 되면 플랜 C,D,E …로 하나님은 하나님의 필요와 하나님의 타이밍으로 우리의 삶을 인도하십니다.

이제 우리에게 필요한 것은 하나님의 플랜B를 주목하는 것입니다.

그것을 위해 열정이 필요합니다. 하나님이 보여주시는 플랜에 당신의 가슴이 설렐 수 있기를 바랍니다. 하나님의 플랜을 위해 당신의 심장이 다시 한번 힘차게 박동할 수 있어야 합니다.

핵심 열정

열정을 경영하기 위해 우리는 우리 속에 잠재하고 있는 열정들을 하나의 핵심열정으로 모으는 작업들을 선행해야 합니다. 우리는 자주 열정들을 산발적으로 사용합니다. 특별한 의미없이, 되는대로, 자신을 위해, 가족들을 위해서, 또 신앙생활을 위해서 자신의 열정을 분산시키며 살아갑니다. 그래서 우리는 열정적일 수 없습니다. 자주 싫증을 내고 내가 하는 일에 감사와 기쁨이 없습니다. 그러나 만약 우리가 내 삶에 하나님이 부여하신 핵심열정을 가지고 그것을 중심으로 삶을 살아간다면 우리는 열정적으로 살아갈 수 있습니다.

그런데 우리가 추구하는 핵심열정에는 두가지가 있습니다.

하나는 넘버원(number one)열정과 다른 하나는 온리원(only one)열정입니다.

말 그대로 넘버원열정은 1등이 되고자, 상대방보다 더 높아지고자 자신의 모든 열정을 쏟아붓는 삶을 말합니다. 그러나 온리원 열정은 절대적인 가치를 위해 자신의 열정을 불태우는 것을 말합니다.

예전 차인표와 고현정씨가 주연을 맡았던 "대물"이라는 드라마를 보면 이 넘버원열정과 온리원열정을 가진 사람들을 발견할 수 있습니다.

강태산이라는 정치인의 역할을 맡은 차인표씨는 대표적인 넘버원열정의 사람입니다. 그는 자신의 성공을 위해 정치쿠테타를 일으켜 당대표였던 조배호라는 사람을 정계은퇴를 시켜버립니다. 끊임없이 대통령이 되고자 권모술수를 자행합니다. 왜냐하면 그는 넘버원열정을 핵심열정으로 가지고 있는 사람이기 때문입니다. 그는 자신이 가는 길을 방해하는 사람을 모두 적으로 간주합니다. 모두가 제거해야 할 대상입니다.

　　그러나 서혜림을 맡은 고현정씨는 다릅니다. 그녀의 핵심열정은 오직 국민입니다. 국민의 권리와 국민의 나은 삶을 위해 살아갑니다. 그녀에게는 국회의원직도, 대통령의 직도 중요하지 않습니다. 자신이 가진 절대적인 가치를 위해 그녀는 달려갑니다. 바로 이것이 온리원열정입니다. 모두가 열정적으로 살아갑니다.

　　모두가 자신의 핵심열정을 가지고 있습니다. 그러나 한사람은 자신의 성공과 세상적인 1등만을 위해 자신의 모든 열정을 집중시키는가 하면 다른 한사람은 자신이 가지고 있는 절대적인 가치를 위해 어떤 위협이나 공격에도 흔들림 없이 자신의 열정을 발산합니다.

예수님의 핵심 열정

　　예수님은 아주 열정적인 분이십니다. 하루 24시간을 얼마나 바쁘게 지내시는지 회당에서 가르치시고, 귀신을 쫓아내시고, 병자들을 고치시고, 기도하시고, 전도하시는 열정을 보여주고 있습니다. 그러나 그 모든 것이 산발적으로 행해지는 것이 아닌 자신이 가진 핵심 열정속에서 보이지 않는 질서를 형성하고 있음을 보게 됩니다. 예수님의 핵심열정은 하나님의 나라입니다.

> "요한이 잡힌 후 예수께서 갈릴리에 오셔서 하나님의 복음을 전파하여 이르시되 때가 찼고 하나님의 나라가 가까이 왔으니 회개하고 복음을 믿으라 하시더라"(막1:14-15)

주님은 그 하나님나라를 보여주시고, 만들어 가시고, 세상의 많은 사람들에게 그 나라를 주시기 위해 자신의 모든 것을 다 던지셨습니다. 심지어 자신의 하나밖에 없는 생명까지도 십자가 위에서 하나님의 나라를 전해주시기 위해 죽으셨습니다. 그 하나님의 나라를 위해 예수님은 사셨습니다.

우리가 잘 아는 사도바울은 이방인 선교라는 핵심열정을 가졌습니다.

그의 모든 삶은 그것으로 모아졌습니다. 그가 텐트메이커가 되어 일을 할 때나, 파송받아 교회를 개척하고 전도할 때도, 그는 그의 핵심열정인 하나님이 주신 사명을 위해 그의 모든 삶을 집중시켰습니다.

우리에게도 산발적인 열정을 하나로 모으는 핵심열정이 필요합니다. 그러나 그 열정이 넘버원열정이 되어서는 안됩니다.

세상적인 성공을 붙들려고 하지 말고 하나님의 말씀이라는 절대적인 가치를 붙들어야 합니다.

내게 부여하신 사명이라는 절대적인 가치를 붙들어야 합니다.

우리가 사업을 하던, 공부를 하던, 어떤 일을 하든지 간에 우리는 하나님안에서 하나님의 가치를 붙들어야 합니다.

넘버원열정을 위해 지금까지 살아왔다면 이제는 온리원 열정으로 당신의 삶의 방향을 유턴하십시오. 당신이 만약 온리원의 열정으로 하나님이 네게 주신 사명을 위해 열정적으로 살아가게 되면 하나님이 당신을 넘버원으로 만드신다는 것을 기억하십시오.

온리원이 넘버원으로

"그는 근본 하나님의 본체시나 하나님과 동등됨을 취할 것으로 여기지 아니하시고 오히려 자기를 비워 종의 형체를 가지사 사람들과 같이 되셨고 또는 본체 사람의 모양으로 나타나사 자기를 낮추시고 죽기까지 복종하셨으니 곧 십자가에 죽으심이라 이러므로 하나님이 그를 지극히 높여 모든 이름 위에 뛰어난 이름을 주사 하늘에 있는 자들과 땅에 있는 자들과 땅 아래에 있는 자들로 모든 무릎을 예수의 이름에 꿇게 하시고 모든 입으로 예수 그리스도를 주라 시인하여 하나님 아버지께 영광을 돌리게 하셨느니라"(빌2:5-11)

예수님은 온리원의 열정으로 자신을 비우시고 낮추시며 자신을 버리셨습니다. 그랬더니 하나님께서 그를 지극히 높여 모든 이름위에 뛰어난 이름을 주셨습니다. 온리원의 열정으로 주신 사명에 순종하니 하나님이 그를 지극히 높여 모든 이름위에 뛰어난 이름 즉 넘버원으로 세우셨습니다.

이것이 복음입니다. 우리가 오직 하나님을 향한 열정, 하나님이 주시는 사명에 대한 열정을 가지고 살아간다면 하나님은 반드시 당신을 높이고 높이실 것입니다.

열정을 가지십시오. 열정적으로 사십시오.

넘버원이 아닌 온리원의 열정을 가지십시오. 그러면 하나님이 당신을 모든 이름위에 뛰어난 넘버원이 되게 하실 것입니다.

열정 동기

열정경영의 마지막 한가지는 열정에 불을 지피는 것입니다.

열정에 있어 중요한 것은 지속성입니다. 열정이 지속적으로 유지되기 위해서는 늘 연료를 충전시켜야 합니다. 차를 타고 다니기 위해서는 기름을 채워야 합니다. 마찬가지로 우리의 열정도 계속 유지하기 위해서는 연료를 보충해야 합니다.

그렇다면 열정의 연료가 무엇이라고 생각하십니까?

무엇이 우리의 열정에 불을 피울 수 있게 한다고 생각하십니까?

예수님은 너무 분주하고 바쁘셨습니다. 식사할 겨를도 없으
셨습니다.(막3:20) 그런데 그런 예수님이 그렇게 열정적으로 사실
수 있었던 비밀은 바로 기도에 있었습니다. 다시말해 하나님과
의 관계, 즉 친밀함입니다. 그 기도가 예수님의 열정을 지속적으
로 유지할 수 있는 동기부여가 된 것입니다.

우리는 바쁘기 때문에 기도할 수 없다고 말합니다. 그러나 바
쁘기 때문에 기도해야 합니다.

종교 개혁자 루터는 "나는 바쁘기 때문에 더 기도한다." 는 유
명한 말을 남겼습니다. 그가 온갖 방해와 어려움 속에서도 끝
까지 종교개혁을 완수할 수 있었던 것은 강력한 기도의 덕분이
었습니다. 아브라함 링컨은 전쟁 중에도 하루 3시간 기도하였고
백악관을 기도실로 만들었습니다. 그의 위대한 정치는 기도실
에서 준비되었다고 말해도 과언이 아닙니다.

나무에 묶는 시간

기도의 시간은 낭비의 시간이 아닙니다.

무의미한 시간이 아닙니다. 지금 만약 당신의 자녀가 계곡을 지나가다 급류에 빠졌다고 가정합시다. 그냥 물속으로 뛰어드는 것은 어리석은 행동입니다. 지나가다 나무에 당신의 몸을 묶고 계곡 속으로 뛰어들어야 합니다. 나무에 당신을 묶는 시간이 낭비입니까? 아닙니다. 그것은 절대 낭비의 시간이 아니라 내가 살고 내 자녀를 살리는 시간입니다.

마찬가지입니다. 우리가 우리에게 주어진 급하고 중요한 일들을 감당하기 위해 우리는 하나님께 우리의 삶을 묶어야 합니다. 그리고 세상 속으로 뛰어들어야 합니다. 그것은 절대 시간낭비가 아닙니다. 나도 살고 내가 하는 일도 살리는 시간입니다. 하나님의 뜻을 알아야 우리는 내게 주신 일과 삶속에서 열정적으로 살아갈 수 있습니다. 어쩌면 우리가 기도하는 시간은 도끼날을 가는 시간입니다. 더 열정적으로 나무를 베기 위해 도끼날을 갈아야 합니다. 기도로 우리는 우리의 방향을 수정하고 내 생각을 내려놓고 하나님의 생각과 음성을 들을 수 있게 됩니다.

　이제 당신의 열정을 경영하십시오.

　당신의 열정을 튜닝하십시오. 사명지렛대로 세상을 들어올리기 위해 세상속에 존재하고 있는 당신은 반드시 당신의 열정을 경영해야 합니다. 하나님이 당신에게 주신 사명이 당신의 핵심 열정이 되어야 합니다. 그 열정이 당신을 둘러싸고 있는 세상을 들어 올릴 것입니다. 세상을 들어 올리는 강력한 파워 크리스천이 되십시오. 하나님이 당신과 함께 하실 것입니다.

열정 경영 막1:2-39

1. 열정 플랜

우리는 주로 플랜A 즉 지금 내가 걸어가고 있는 길, 내가 선택한 대안을 따라 살아갑니다.

플랜A에는 주로 나의 생각, 나의 계획, 나의 선택이 많았습니다. 플랜A의 삶에는 열정없이 반복적이고 일상적인 틀을 따라 살아가는 모습입니다. 그러나 우리의 삶에 다가온 문제와 각종 어려움이 우리로 하여금 플랜B 즉 하나님이 나를 위해 준비하신 대안(방향)으로 나아가게 됩니다.

오늘 본문에 예수님도 회당에서 가르치고, 시몬의 집에서 휴식을 취하고, 사람들의 원대로 자기를 찾는 자들에게 가는 것이 플랜A였지만 주님은 회당에서 그것도 안식일에 더러운 귀신 들린 자를 고치시고, 쉬기 위해 들어가신 집에서 병자를 고치시고, 사람들의 필요보다 하나님의 필요를 따라 갈릴리로 내려가 전도하는 플랜B의 법칙을 따르십니다. 왜냐하면 하나님의 필요와 하나님의 타이밍을 보셨기 때문입니다.

성경은 '플랜 B의 역사' 입니다.

하나님은 사람이 선택한 아브라함의 후계자 이스마엘 즉 현재의 대안 플랜A를 버리시고 하나님의 대안 플랜B 이삭을 택하셨습니다.

처음 택하신 12사도 보다, 사도바울을 들어서 이방 선교를 감당하게 하셨습니다.

첫 사람 아담을 폐하시고, 둘째 사람 예수님을 통해 하나님의 역사를 세워 가십니다.

그러므로 우리는 하나님이 우리를 위해 보여주시는 플랜B를 붙들어야 합니다. 그래야 우리는 열정적인 삶을 살아갈 수 있습니다.

2. 핵심 열정

우리의 열정을 경영하기 위해 우리는 산발적으로 표현되는 열정들을 하나의 핵심열정으로 집중시켜야 합니다.

핵심열정에는 두 가지가 있습니다.

하나는 넘버원열정과 다른 하나는 온리원 열정입니다. 말 그대로 넘버원열정은 1등이 되고자, 상대방보다 더 높아지고자 자신의 모든 열정을 쏟아 붓는 삶을 말하고, 온리원 열정은 절대적인 가치를 위해 자신의 열정을 불태우는 것을 말합니다.

예수님은 하나님나라라는 핵심열정을 붙들고 사신 분입니다. 예수님의 핵심열정은 자신의 전 생애를 바쳐 하나님나라를 보여주시고, 만들어 가시고, 세상의 많은 사람들에게 그 나라를 주시기 위해 주님께서는 자신의 모든 것을 다 던지도록 만드셨습니다. 그랬더니 하나님께서는 그를 지극히 높여 모든 이름위에 뛰어난 넘버원(빌2:9)으로 만드셨습니다. 예수님은 철저하게 온리원 열정으로 사셨고 하나님께서는 그에게 넘버원을 허락해 주셨습니다.

오늘 우리도 세상적인 성공 즉 넘버원을 위한 열정만을 붙들지 말고, 하나님이 주신 사명과 하나님의 말씀이라는 절대적인 가치를 붙들고 살아가야 합니다. 그러면 하나님이 여러분들을 모든 이름위에 뛰어난 넘버원이 되게 하실 것입니다.

$3.$ 열정 동기

열정에 있어 중요한 것은 지속성입니다. 열정이 지속적으로 유지되기 위해서는 늘 연료를 보충해야 합니다. 그 열정의 연료는 기도입니다.

예수님은 주어진 사역으로 너무나 분주하고 바쁘셨습니다. 마가복음3:20절에는 식사할 겨를도 없었다고 말씀합니다. 그런데 그런 예수님이 그렇게 열정적으로 사실 수 있었던 비밀은 바로 기도에 있습니다. 그 기도가 예수님의 열정을 지속적으로 유지할 수 있게 만드는 동기부여가 되었습니다. 왜냐하면 기도는 하나님과의 관계회복의 시간이자 하나님과의 친밀함의 시간이기 때문입니다.

사람들은 바쁘기 때문에 기도할 수 없다고 말합니다. 그러나 바쁘기 때문에 기도해야 합니다.

종교 개혁자 루터는 "나는 바쁘기 때문에 더 기도한다."는 유명한 말을 남겼습니다. 그가 온갖 방해와 어려움 속에서도 끝까지 종교개혁을 완수할 수 있었던 것은 강력한 기도의 덕분이었습니다.

기도의 시간은 낭비의 시간이 아닙니다. 무의미한 시간이 아닙니다. 하나님께 나를 묶고 세상이라는 급류 속으로 뛰어드는 시간입니다. 기도로 방향을 수정하고, 기도로 내 생각을 내려놓고 하나님의 생각과 마음으로 당신의 열정에 불을 붙일 수 있기를 바랍니다.

망망한 바다 한가운데서 배 한 척이
침몰하게 되었습니다.
모두들 구명보트에 옮겨 탔지만
한 사람이 보이지 않았습니다.
절박한 표정으로 안절부절 못하던 성난 무리 앞에
급히 달려 나온 그 선원이
꼭 쥐고 있던 손바닥을 펴 보이며 말했습니다.
"모두들 나침반을 잊고 나왔기에 … "
분명, 나침반이 없었다면 그들은 끝없이 바다 위를
표류할 수밖에 없을 것입니다.

삶의 바다를 항해하는 모든 이들을 위하여
우리는 그 나침반의 역할을 하고 싶습니다.
우리를 구원하신 아름다운 주님을
21세기 문명의 이기(利器)를 통하여
널리 전하고 싶습니다.

우리 나침반 가족은
구원의 복음과 진리의 말씀을 전하며
당신의 믿음 성장과 삶을, 가정을, 증거를,
그리고 당신의 세계를 돕고 싶습니다.

그리스도 안에서
우리는 당신을 진실로 사랑합니다.

"하나님은 모든 사람이 구원을 받으며
진리를 아는 데 이르기를 원하시느니라."
(디모데전서 2장 4절)

문자로 전하는 하나님의 사랑~
400가지 종류별 문자메시지 수록!
최신간 베스트셀러
문자메시지
전도 양육
정요섭 지음
"휴대전화로 전도하십시오.
어떤 철문도 뚫고 들어갑니다"
나침반
위로와 희망, 용기와 힘이 솟는 문자메시지!
마음에서 마음으로 감동을 전하는 문자 전도!
엄선된 20가지 주제
구역원용 / 부모용 / 초신자용 / 전도대상자용 / 청년용
어려움에 처한 분들 / 축하하고 싶을 때 / 믿음 / 기도
경건 / 계절별 등등

문자메시지 전도 양육
정요섭 지음 / 포켓판 / 값 5,000원

사명 지렛대

지은이 | 이광재
발행인 | 김용호
발행처 | 나침반출판사

초판 1쇄 발행 | 2011년 7월 20일

등 록 | 1980년 3월 18일 / 제 2-32호
주 소 | 110-616 서울 광화문 사서함 1641호
전 화 | 본   사(02)2279-6321
        영업부(031)932-3205
팩 스 | 본   사(02)2275-6003
        영업부(031)932-3207

홈페이지 | www.nabook.net
이 메 일 | nabook@korea.com
        nabook@nabook.net

ISBN 978-89-318-1434-7
책번호 마-1748

값은 뒷표지에 있습니다.

나침반출판사는 우리를 구원하신 아름다운 주님을
21세기 문명의 이기(利器)를 통하여 널리 전하고 싶습니다.